AF545907

Gunnar Folke Schuppert

Krisen, Bedrohte Ordnungen, Zeitenwenden, Resilienz

Regierbarkeitsprobleme in gestressten Gesellschaften

Gefördert durch den Publikationsfonds für Monografien der Leibniz-Gemeinschaft

Die Deutsche Nationalbibliothek verzeichnet diese Publikation in der Deutschen Nationalbibliografie; detaillierte bibliografische Daten sind im Internet über http://dnb.d-nb.de abrufbar.

1. Auflage 2024

Publiziert von
Nomos Verlagsgesellschaft mbH & Co. KG
Waldseestraße 3–5 | 76530 Baden-Baden
www.nomos.de

Gesamtherstellung:
Nomos Verlagsgesellschaft mbH & Co. KG
Waldseestraße 3–5 | 76530 Baden-Baden

ISBN (Print): 978-3-7560-1618-1
ISBN (ePDF): 978-3-7489-4536-9

DOI: https://doi.org/10.5771/9783748945369

Onlineversion
Nomos eLibrary

Inhaltsverzeichnis

A. Einleitung: Vom reinen Krisenmanagement zu einer ganzheitlichen krisenwissenschaftlichen Perspektive

Wir leben – wie man ohne Übertreibung sagen kann – in einer krisengeschüttelten Zeit; ich erspare es mir, sie alle aufzulisten. Dieser Befund einer krisengeprägten Gegenwart ist offenbar so unstreitig, dass – anders als in dem Bestseller von Florian Illies über die konsumorientierte Jugend der 1980er Jahre – nicht mehr von der *„Generation Golf"*[1] die Rede ist, sondern – wie in der Einladung der Zeitschrift „Neue Gesellschaft/Frankfurter Hefte" zu einer Veranstaltung am 20. September 2023 – ganz selbstverständlich von der *„Generation Krise"*. Wenn sich dies so verhält, muss man sich notgedrungen mit dem Phänomen sich häufender Krisen, die unglücklicherweise im Moment auch noch gleichzeitig über uns hereingebrochen sind, näher beschäftigen. Man kann – so der Titel des Kursbuchs von 2012 – „Krisen lieben"[2], man kann sie – wegen des „Prickels" des Ausnahmezustandes – spannend finden[3], man kann sie – wie wir es an anderer Stelle formuliert haben – als „Augenöffner" verstehen[4], vor allem aber wird man sinnvollerweise bestrebt sein, „Krisen zu verstehen"[5]; denn nur dann wird man Aussagen darüber machen können, wie man mit Krisen angemessen umgehen könnte und sollte, sei es als krisenbetroffene Individuen, sei es als zur Krisenbekämpfung aufgerufener Staat mit seinen ihm zu Gebote stehenden Ressourcen.

Um aber Krisen verstehen zu können und um würdigen zu können, welche Rolle sie bei der Beförderung eines Phänomens spielen, das wir als *„gestresste Gesellschaften"* bezeichnen wollen, reicht eine auf ein *effektives Krisenmanagement* fokussierte Betrachtungsweise nicht aus. Wie eng

1 Florian Illies, Generation Golf. Eine Inspektion, Frankfurt/M. 2001.

2 Siehe die Beiträge in: Armin Nassehi (Hrsg.), Krisen lieben, Kursbuch 170, Februar 2012.

3 Vgl. dazu die beeindruckende Schrift von Tristan Barczak, Der nervöse Staat, Tübingen 2020.

4 G.F. Schuppert, Die Corona-Krise als Augenöffner. Ein rechts- und damit zugleich kultursoziologischer Essay, in: Jahrbuch des öffentlichen Rechts der Gegenwart, Neue Folge, Band 69, 2021, S. 439–447.

5 Siehe dazu die Beiträge in: Thomas Mergel (Hrsg.), Krisen verstehen. Historische und kulturwissenschaftliche Annäherungen, 2012.

eine solche Managementperspektive[6] ist, zeigt in fast bestürzender Deutlichkeit ein Beitrag des Verwaltungswissenschaftlers Uwe Schimank, in dem „Akute Krisen und große Wenden“[7] als *Störungen des administrativen Normalbetriebs* behandelt werden, die prinzipiell behebbar sind, wenn das administrative Entscheidungssystem dafür ausreichend gerüstet ist, wobei das Augenmerk des Verfassers auf den Programmstrukturen, den Personalstrukturen, den Kommunikationsstrukturen und – last but not least – auf den finanziellen Ressourcen liegt. Kein Wort dazu, wie Krisen von den Zeitgenossen wahrgenommen werden, was sie „mit ihnen machen“ und welche Strategien sie praktizieren, um mit ihnen umgehen zu können.[8] Kaum weniger enttäuschend sind die Auskünfte des renommierten Wirtschaftshistorikers Moritz Schularick zu der Frage „Was Deutschland aus der Pandemie lernen muss“[9]. Abgesehen davon, dass er einen Mentalitätswandel in Gestalt eines risikobereiteren Mindsets anmahnt, sieht er die „zentrale Investition in Resilienz [...] in der gründlichen Entbürokratisierung und im Upgrade der Infrastruktur des Landes auf so gut wie allen Ebenen: Verwaltung, Daten, Vernetzung von Wissenschaft und Politik“[10].

Wessen es statt solcher Ratschläge bedarf – denen wir auch gerne begeistert zustimmen wollen – ist ein übergreifender, ganzheitlicher *krisenwissenschaftlicher Ansatz*, dessen erste Konturen ich in einem bei der Jahrestagung der Deutschen Sektion des Internationalen Institut für Verwaltungswissenschaften (IIAS) am 25. November 2022 gehaltenen Vortrag unter der Überschrift „Katastrophen und Pandemien als Bewährungsprobe staatlicher Schutzfunktion“ wie folgt skizziert habe: Das was aus der Perspektive des Krisenmanagements vorgetragen wird[11], „ist zwar richtig, bedarf aber – so unsere These – der Platzierung in einem größeren Kontext, den ich

6 Klassisch dazu Klaus König, Regieren als Management-Problem, in: Werner Jann/ Klaus König (Hrsg.), Regieren zu Beginn des 21. Jahrhunderts, Tübingen 2008, S. 29–48.

7 Uwe Schimank, Akute Krisen und große Wenden: Simultane Herausforderungen administrativen Entscheidens, in: Leviathan, 51. Jg., Sonderband 41/2023, S. 35–61.

8 Vgl. dazu meine Überlegungen „Vielfalt und Funktion von Resilienzstrategien. Ein Beitrag zur psychologischen Dimension von Vulnerabilitätserfahrungen“, in: G.F. Schuppert/Martin Repohl (Hrsg.), Resilienz. Beiträge zu einem Schlüsselbegriff spätmoderner Gesellschaften, Baden-Baden 2023, S. 75–93.

9 Moritz Schularick, Der entzauberte Staat. Was Deutschland aus der Pandemie lernen muss, München 2021.

10 Ebenda, S. 125.

11 Siehe ergänzend aus verwaltungsrechtlicher Perspektive Stephan Rixen, Verwaltungsrecht der vulnerablen Gesellschaft, in: VVDStRL 80 (2021), S. 38–67.

mit den folgenden drei Formeln erfasst wissen möchte: „Herrschaft und Wissen“[12], „Führung durch und als Kommunikation“[13] und „Fürsorgepolitik angesichts von Vulnerabilitätserfahrungen“[14]. Mit diesen drei Formeln soll der krisenwissenschaftliche Scheinwerfer auf die in der Corona-Pandemie deutlich hervorgetretene *kognitive, kommunikative und sozialpsychologische* Dimension des Regierungs- und Verwaltungshandelns gerichtet werden, und zwar nicht in säuberlicher Trennung, sondern der Tatsache Rechnung tragend, dass alle drei Dimensionen auf das engste miteinander zusammenhängen. Man muss nicht nur möglichst Alles über die jeweilige Krise und die Mittel zu ihrer Bewältigung wissen, dieses Wissen und die damit begründeten Regelungen müssen auch kommuniziert werden und den von der Krise Betroffenen schließlich muss dabei geholfen werden, ihre Vulnerabilitätserfahrungen verarbeiten zu können, indem auf die von ihnen praktizierten Resilienzstrategien angemessen reagiert wird.“

An diese eher noch tastenden Überlegungen[15] soll im Folgenden angeknüpft werden, indem wir einen etwas genaueren Blick auf Krisen, Bedrohte Ordnungen und Zeitenwenden werfen, dabei natürlich von der Hoffnung geleitet, zum Schluss etwas Substantielles zum Thema „Regierbarkeitsprobleme in gestressten Gesellschaften“ sagen zu können.

12 Näher dazu Peter Weingart, Herrschaft und Wissen im Stresstest der Pandemie, in: G.F. Schuppert/Roland Römhildt/Peter Weingart (Hrsg.), Herrschaft und Wissen, Baden-Baden 2022, S. 15–44.

13 Vgl. dazu G.F. Schuppert, Governance by Communication, in: Forum Wohnen und Stadtentwicklung, 2015, S. 132–135.

14 Vgl. dazu den weiterführenden Beitrag von Benno Zabel, Recht, Angst, Vulnerabilität. Liberale Gesellschaften zwischen Krise und Resilienz, in: Rechtswissenschaft 2020, S. 233–261.

15 Weitergeführt in meinem Beitrag „Krisen als Stresstest. Eine krisenwissenschaftliche Skizze“, in: Roland Broemel/Simone Kuhlmann/Arne Pilniok (Hrsg.), Forschung als Handlungs- und Kommunikationszusammenhang. Festschrift für Hans-Heinrich Trute zum 70. Geburtstag, Tübingen 2023, S. 387–412.

B. Krisen

Wenn heute jemand einen Vortrag zum Thema „Leben in und mit Krisen“ halten würde, ist es mehr als wahrscheinlich, dass spätestens der zweite Diskussionsredner unter bescheidenem Hinweis auf seine altsprachliche Gymnasialbildung geltend macht, dass Krisen nichts Neues seien, sondern bei historischer Betrachtung fast der Normalfall. Dies hätte sicherlich auch eine gewisse Berechtigung, denkt man etwa[16] an die „Krise der späten Römischen Republik“[17], die „Krise des Spätmittelalters“[18] oder die besonders häufig aufgerufene „General Crisis of the Seventeenth Century“[19]. Auch hier soll im weiteren Verlauf ein Blick auf die Vergangenheit geworfen werden, und zwar auf die Krisenjahre der Weimarer Republik[20]; bevor wir dies aber tun, sind noch zehn Minuten Begriffsgeschichte zu absolvieren.

I. Zehn Minuten Begriffsgeschichte

Wie Joris Steg in seinem wirklich erhellenden Beitrag „Was heißt eigentlich Krise?“[21] zutreffend bemerkt, „existiert weder eine allseits anerkannte Definition des Krisenbegriffs, noch ein allgemeingültiges Verständnis über Entstehungsbedingungen, Ursachen, Abläufe und Auswirkungen von Krisen“[22]. Die Erklärung dafür liefert Steg gleich mit: „[...] Krisenanalysen beinhalten [...] stets auch einen Kampf um Hegemonie, in dem es darum geht, ein

16 Die nachfolgenden Hinweise verdanke ich dem Beitrag von Jan Marco Sawilla mit dem Titel „Zwischen Normalwirkung und Revolution – ›Krise‹ in der Geschichtswissenschaft“, in: Carla Meyer u.a. (Hrsg.), Krisengeschichte(n), Stuttgart 2013, S. 146–172.

17 Karl Christ, Krise und Untergang der Römischen Republik, Darmstadt 2000.

18 Peter Schuster, Die Krise des Spätmittelalters. Zur Evidenz eines sozial- und wirtschaftsgeschichtlichen Paradigmas in der Geschichtsschreibung des 20. Jahrhunderts, in: Historische Zeitschrift 269 (1999), S. 19–55.

19 Eric J. Hobsbawm, The General Crisis of the European Economy in the 17th Century, in: Past and Present 5 (1954), S. 33–53.

20 Detlef Peukert, Die Weimarer Republik. Krisenjahren der klassischen Moderne, Darmstadt 1987.

21 In: Soziologie, 49 Jg., 2020, S. 423–435.

22 Ebenda, S. 423.

Narrativ durchzusetzen und die Deutungshoheit über die Krise, also über Krisendiagnose, Krisenursachen und insbesondere Krisenbewältigungsstrategien zu erlangen."[23] Wohl wahr wird man im jetzt möglichen Rückblick auf die Corona-Krise sagen müssen.

Gleichwohl können an dieser Stelle drei Punkte geklärt werden:

Erstens ist die Frage zu klären, ob es sich bei Krisen um besondere, je für sich singuläre Ereignisse handelt oder um einen Dauerzustand, also – wie der Soziologe Armin Nassehi es formuliert hat – der „Ausnahmezustand als Normalfall" anzusehen ist[24]. Dafür könnte sprechen, dass Krisendiagnosen in der Moderne faktisch eine permanente Konjunktur haben und die Bezeichnung »Krise« die „Grundstimmung einer Epoche"[25] auszudrücken scheint. Gleichwohl möchten wir mit Joris Steg daran festhalten, das *Existenzielle* als wesentlichen Bestandteil des Krisenbegriffs zu verstehen:

> „Auch wenn Krisen fester Bestandteil der Moderne sind und eine Krise durchaus über einen langen Zeitraum andauern mag, führt die Interpretation von Krisen als Dauer- oder Normalzustand analytisch in eine Sackgasse. *Das Dramatische von Krisen* gerät außer Acht und Krisen werden bagatellisiert, wenn sie als immer passende Allerweltskategorie oder als Normalzustand betrachtet werden. [...] Wäre die Krise identisch mit Normalität oder auch, wie jetzt im Zusammenhang mit der Pandemie überall zu hören ist, als »neue Normalität« aufzufassen, würde dem Begriff zudem die notwendige Offenheit für die weitere Entwicklung fehlen, die sich als Abweichung vom vermeintlich vorgegebenen Pfad ausdrückt. [...]
> Jede Krise ist eine zeitlich begrenzte nicht-normale, nicht-gewollte, nicht-intendierte und nicht-geplante Ausnahmesituation."[26]

Joris Steg spricht daher in einer – wie ich finde – geglückten Begriffsschöpfung von einer *„Normalen Anomalie"*[27]

Zweitens ist mit dieser Charakterisierung von Krisen zugleich klargestellt, dass bei der Analyse und der Bewertung von Strategien der Krisenbewältigung die *Entscheidungssituation* und der *Entscheidungsdruck* eine ganz

23 Ebenda, S. 432.

24 Armin Nassehi, Der Ausnahmezustand als Normalfall. Modernität als Krise, in: derselbe (Hrsg.), Kursbuch 170, Krisen lieben, Hamburg 2012, S. 34–49.

25 M. Prisching, Krisen. Eine soziologische Untersuchung, Wien, Köln, Graz 1986.

26 Steg, a.a.O., S. 428.

27 Joris Steg, Normale Anomalie. Die Coronakrise als Zäsur und Chance, in: Blätter für deutsche und internationale Politik, 65. Jg., 2020, S. 71–79.

zentrale Rolle spielen müssen. Krisenhafte Situationen sind – wie Koselleck es so treffend formuliert hat – „*entscheidungsschwangere Situationen*": „Die beiden Momente der Urteilsfindung und Diagnose sowie der Anweisung zur Therapie bleiben in Anlehnung an die medizinische Herkunft des Ausdrucks auch im politischen Sprachgebrauch erhalten. Das ist bis heute so geblieben, wobei die zeitliche Tiefenbestimmung, um den *rechten Moment der Entscheidung* zu finden, sich meistens aus *unentrinnbaren Handlungszwängen* ergibt. Der Handlungsspielraum wird dann durch den Krisenbegriff auf eine *Zwangslage* eingeengt, in der die Handelnden nur einander restlos widersprechende Alternativen wählen können."[28]

In gleichsinniger Weise betonen A. Goeze und K. Strobel – und dies ist eine wichtige Paarung – die *Gleichzeitigkeit von Evidenzmangel und Handlungszwang*:

> „Eine Krise ist per definitionem eine Situation, deren Ausgang ungewiß ist, mehr noch: deren verschiedene mögliche Ausgänge irreversibel sind und dramatisch in Kontrast zueinander stehen. Das erzeugt *Handlungsdruck, der es unmöglich macht, abzuwarten, bis Informationsdefizite beseitigt sind* und sich die weitere Entwicklung abzeichnet. Dieses *Zusammentreffen von Evidenzmangel und Handlungszwang* entspricht wiederum den Voraussetzungen der rhetorischen Situation, wie sie Blumenberg kennzeichnet.[29] Eine Krise ist demnach eine aufs Äußerste zugespitzte, durch ihre besondere Dramatik herausgehobene *rhetorische Situation.* Unter derartigen Umständen kommt die Leistung der Rhetorik besonders zur Geltung, welche darin besteht, auch unter Ungewißheitsbedingungen kollektive Handlungsfähigkeit herzustellen."[30]

Darauf wird später noch ausführlicher zurückzukommen sein.

Drittens schließlich ist die Feststellung von entscheidender Bedeutung, dass Krisen und Krisendignosen insofern eine *Doppelnatur* aufweisen, als sie eine *objektive* und eine *subjektive Dimension* besitzen. Krisen sind zwar – wie etwa bei Wirtschaftskrisen – anhand von Daten zum Wirtschafts-

---

28 Reinhard Koselleck, »Krise«, in: Otto Brunner/Werner Conze/Reinhard Koselleck (Hrsg.), Geschichtliche Grundbegriffe. Historisches Lexikon zur politisch-sozialen Sprache in Deutschland, Band 1, Stuttgart 1972, S. 619.

29 Hans Blumenberg, Anthropologische Annäherung an die Aktualität der Rhetorik, in: derselbe, Wirklichkeiten, in denen wir leben, Stuttgart 1981, S. 117.

30 Annika Goeze/Korinna Strobel, »Krisenrhetorik«, in: Gert Ueding (Hrsg.), Historisches Wörterbuch der Rhetorik, Band 10 (Nachträge von A-Z), Berlin 2012, Spalte 519.

wachstum und zur Höhe der Inflation – einerseits gut messbar, haben es aber andererseits – wie jedermann seit den Reaktionen auf die Corona-Pandemie täglich vor Augen geführt wurde – immer auch mit *Gefühls- und Stimmungslagen* zu tun. Ihr integraler Bestandteil ist stets ein viele Gesichter aufweisendes *Krisengefühl*, das von Misstrauen bis zum Gefühl eines irgendwie *Ausgeliefertseins* reichen kann. Krisen sind also – und drauf wird noch mehrfach zurückzukommen sein – *Wahrnehmungsphänomene*[31]; Habermas verdient daher volle Zustimmung, wenn er 1973 dezidiert die Ansicht vertrat, dass von Krisen erst dann gesprochen werden könne, „wenn die Gesellschaftsmitglieder Strukturwandlungen als bestandskritisch erfahren und ihre soziale Identität bedroht fühlen"[32], sie also eine Entwicklung auch als *krisenhaft wahrnehmen.*

Krisengeschichten sind immer auch *Gefühlsgeschichten*[33], die wiederum kulturell eingebettet sind; bei Thomas Mergel heißt es dazu in zitierenswerter Weise wie folgt:

> „[...] sind Krisen nicht zu denken ohne die Kulturen, in denen sie sich ereignen; es sind ganz wesentlich *Wahrnehmungsphänomene.* Sie sind Formen der Selbstbeschreibung einer Gesellschaft, die sich so ebenso ihrer Reformbedürftigkeit wie ihrer Wandlungsfähigkeit vergewissert. Strukturelle Momente, deren Bedeutung bei der Generierung von Krisen nicht abgestritten werden soll, werden erst in dem Moment sichtbar, da sie diskursiv in ein Modell von *Vertrauensverlust, Dringlichkeit, Unsicherheit* und *Notwendigkeit von Entscheidungen* eingebunden werden. Es herrscht also Zeitdruck. Insofern sind Krisen essentiell Momente, in denen plötzlich die *Zukunft als ungewiss empfunden wird*, man aber

---

31 Vgl. näher dazu Jürgen Friedrichs, Gesellschaftliche Krisen. Eine soziologische Analyse, in: Die Wahrnehmung von Krisenphänomenen. Fallbeispiele von der Antike bis in die Neuzeit, hg. Von Helga Scholten, Köln/Weimar/Wien 2007, S. 13–26; Michael Grunewald/Uwe Puschner (Hrsg.), Krisenwahrnehmungen in Deutschland um 1900. Zeitschriften als Foren der Umbruchszeit im wilhelminischen Reich, Bern u.a. 2010 (Convergences 55).

32 Jürgen Habermas, Legitimationsprobleme im Spätkapitalismus, Frankfurt/M. 1973, S. 12.

33 Anschaulich dazu Bettina Hitzer, Angst, Panik?! Eine vergleichende Gefühlsgeschichte von Grippe und Krebs in der Bundesrepublik, in: Malte Thießen (Hrsg.), Infiziertes Europa. Seuchen im langen 20. Jahrhundert, München 2014, S. 139–156.

nicht viel Zeit hat, um sich ein genaues Urteil zu bilden und in Ruhe entscheiden zu können."[34]

Nachdem diese drei uns wichtigen Punkte geklärt sind, scheint es uns an der Zeit zu sein, eine komprimierte *Zusammenfassung zum Krisenbegriff* anzubieten; eine solche haben wir in dem lesenswerten Buch von Peter Longerich über das Krisenjahr 1923 gefunden[35], in dem er die wichtigsten *Krisenkriterien* gekonnt und mit unseren Überlegungen kompatibel wie folgt zusammengefasst hat:

„▪ Krisen sind eher Erschütterungen denn Dauerzustände, sie umfassen den kritischen Zeitraum, in dem die Störungen eines Systems so gravierend werden, dass Entscheidungen über die Fortexistenz des Systems selbst zu treffen sind.
- Krisen sind somit – abgegrenzt von Funktionsstörungen in Subsystemen – als substanzielle, existenzbedrohende Phänomene zu sehen. Krisen sind Zeiträume, in denen es darum geht, schwerwiegende Gefahren, ja die drohende Katastrophe abzuwehren.
- Von einer Krise kann nur dann gesprochen werden, wenn die jeweiligen Zustände auch in der Wahrnehmung der Zeitgenossen als krisenhaft empfunden werden und gleichzeitig in der Rückschau objektiv abbildbar sind.
- Krisen sind beschleunigte, häufig dramatische Entscheidungen in einer sich dynamisch verändernden Situation; sie stellen eine Entscheidungssituation dar, in der sich die Möglichkeit, zu handeln und zu entscheiden, in naher Zukunft zu verschließen droht. [...]
- Wenn Krisen besondere, abgrenzbare Zeiträume darstellen, so ist es zugleich auch notwendig, sie in einem zeitlichen Kontinuum zu sehen. Es geht immer auch um das Davor und das Danach: Denn Krisen sind relativ kurze Zeitspannen zwischen einer (meist längeren) Pause, in der Problemlagen sich auftürmen, sowie, nachdem die Krise ihren Höhepunkt erreicht hat, der Entladung, die entweder zu einer katastro-

34 Thomas Mergel, Krisen als Wahrnehmungsphänomene, in: ders. (Hrsg.), Krisen verstehen, Frankfurt/New York 2012, S. 13.

35 Peter Longerich, Außer Kontrolle. Deutschland 1923, Wien/Graz 2022; aus der Flut der jüngsten Darstellungen der Weimarer Krisenjahre ist ferner hervorzuheben das Buch von Volker Ullrich, Deutschland 1923. Das Jahr am Abgrund, München 2023.

phalen Entwicklung oder auch zur Auflösung der Krisensituation führen kann."[36]

In Ergänzung zu diesem Kriterienkatalog ist uns aber schon an dieser Stelle der später zu vertiefende Hinweis wichtig, dass es sich bei Krisen nicht nur um Wahrnehmungs-, sondern immer auch um *Beobachtungs- und Diskursphänomene* handelt; zu diesem zentralen Aspekt haben wir in dem lesenswerten Aufsatz von Ansgar Nünning über „Grundzüge einer Narratologie der Krise"[37] die nachstehenden zutreffenden Ausführungen gefunden:

„Vor dem Hintergrund dieser Definitionen des Ereignisbegriffs und der Kriterien für die Bestimmung von Ereignishaftigkeit[38] wird somit deutlich, dass Krisen nicht etwa objektiv Gegebenes sind. Vielmehr sind sie einerseits als das Ergebnis von Selektion, Abstraktion und Auszeichnung, mithin als diskursiv erzeugte Konstrukte, zu begreifen. Andererseits handelt es sich offensichtlich nicht um völlig willkürliche Zuschreibungen, da eine Situation, die als Krise diagnostiziert wird, offenbar bestimmte Voraussetzungen erfüllen muss.

Man braucht also kein Konstruktivist oder Diskurstheoretiker zu sein, um die bislang formulierten Bedingungen und Kriterien durch zwei weitere Merkmale ergänzen zu wollen: *die Diskursivität und die Konstruktivität von Krisen bzw. Krisendiagnosen.* Ein Geschehen wird erst dadurch zum Ereignis und eventuell zur Krise, dass es sich in Diskursen und Geschichten niederschlägt[39]. Die Konstruktivität von Krisen gründet darin, dass sie nicht einfach vorgegeben oder ‚da' sind, sondern von den Menschen und Medien, die darüber berichten, gemacht werden. Eine Krise

36 Ebenda, S. 7/8.

37 Ansgar Nünning, Grundzüge einer Narratologie der Krise: Wie aus einer Situation ein Plot und eine Krise (konstruiert) werden, in: Henning Grunwald/Manfred Pfister (Hrsg.), Krisis! Krisenszenarien, Diagnosen und Diskursstrategien, München 2007, S. 48–71.

38 Nünning bezieht sich auf den Beitrag von Andreas Suter/Manfred Hettling, Struktur und Ereignis. Wege zu einer Sozialgeschichte des Ereignisses, in: dies. (Hrsg.), Struktur und Ereignis [Geschichte und Gesellschaft, Sonderheft 19], Göttingen 2001, S. 7–32, in dem die Autoren drei Kriterien benennen: erstens das Überraschungsmoment bzw. das Außergewöhnliche, zweitens die kollektive Natur der Maßstäbe für die erschütternden Erfahrungen und drittens die strukturverändernden Folgen, die von den Akteuren wahrgenommen werden.

39 Vgl. Siegfried J. Schmidt, Geschichten & Diskurse. Abschied vom Konstruktivismus, Reinbek 2003.

ist aufgrund dieser Konstruktivität stets abhängig von dem Begriffssystem, den Konventionen und den Diskursen der jeweiligen Epoche und der Medien, in denen die Krisendiagnosen formuliert werden.“[40]

Nachdem wir nunmehr eine ziemlich gute Vorstellung davon haben, was eine Krise ist, wollen wir uns der spannenden Frage zuwenden, *was Krisen mit den Beteiligten – den Regierten wie den Regierenden – eigentlich „machen“*; dies mag eine etwas ungewohnte Perspektive sein, die uns aber m.E. am ehesten ermöglicht, unserem Ziel, *Krisen zu verstehen*, einen großen Schritt näher zu kommen.

II. Was Krisen mit den Beteiligten „machen“

Beginnen wollen wir bei dieser Erkundung mit den Regierenden, wird doch zuerst von ihnen erwartet, auf eine akut werdende Krise zu reagieren und in den *Krisenbekämpfungsmodus* umzuschalten.

1. Entscheiden in Krisensituationen heißt Entscheiden unter Stress: drei sich aufdrängende Beispiele

Die Entscheidungssituation zu Beginn der Flüchtlingskrise: die Regierenden als Getriebene

Mit dieser Überschrift nehme ich Bezug auf das Buch „Die Getriebenen. Merkel und die Flüchtlingspolitik“ des Journalisten Robin Alexander[41], in dem er die Entscheidungssituation zu Beginn der Flüchtlingskrise im Herbst 2015 akribisch nachgezeichnet hat. Es ging um die Frage, ob den Tausenden von Flüchtlingen, die auf dem Budapester Bahnhof unter unwürdigsten Bedingungen campierten, die Einreise in die Bundesrepublik ermöglicht werden sollte. In der entscheidenden Nacht vom 12. auf den 13. Dezember verhielt sich einer der Beteiligten – der an sich zuständige Innenminister de Maiziere – zögerlich, während eine andere Schlüsselfigur, der Parteivorsitzende der CSU Horst Seehofer, der der Politik der offenen Grenzen kritisch gegenüberstand, schlicht nicht erreichbar war. So war es allein Angela Merkel überlassen, sich – getrieben von den Ereignissen – ad

40 Ebenda, S. 58/59.
41 Report aus dem Innern der Macht, München 2017.

hoc zu entscheiden, da sich – so Robin Alexander – in der entscheidenden Stunde schlicht niemand anders fand, die Verantwortung zu übernehmen. Wie sicherlich allen erinnerlich ist, war es dann die Kanzlerin, die durchsetzte, dass die afrikanischen und osteuropäischen Flüchtlinge in Sonderzügen aus Budapest nach Deutschland einreisen konnten.

Die Entscheidungssituation zu Beginn der Corona-Krise: die Regierenden als Laienspielschar

Die Situation zu Beginn der Corona-Pandemie war – wie man wohl ohne Übertreibung sagen kann – gekennzeichnet durch eine *kognitive Überforderung* der politischen Entscheidungsträger: es gab – wie Bundespräsident Steinmeier immer wieder betonte – keine Blaupause, kein Drehbuch, an dem man sich orientieren konnte[42], so dass in der Anfangsphase kaum was anderes übrig blieb, als sich auf die Analysen und Ratschläge von Experten zu verlassen[43]. Die Soziologin Evelyn Moser sah hierin einen höchst bedenklichen Politikverzicht und eine „(Selbst-)Stilllegung demokratischer Politik"[44]: Was die Experten öffentlich äußerten, „hatte in seiner Rezeption und Wirkung auf die Öffentlichkeit nicht formal, wohl aber *faktisch beinahe Gesetzeskraft*".

Auch wenn man so weit nicht gehen will, war die Entscheidungssituation für die Regierenden in der Anfangsphase enorm schwierig, da die erforderliche *Wissenssouveränität* in den ersten Monaten schlicht nicht vorhanden war; mich erinnert diese Situation an die Beschreibung ähnlicher Krisenstresssituationen durch Armin Nassehi, der dazu 2012, also lange vor der Corona-Krise Folgendes ausgeführt hat: „Was die Entscheidungssituation bei Ausnahmesituationen so dramatisch macht, ist, dass die von den unterschiedlichen Beteiligten zu spielenden »Rollen« weder von einem zentralen Regisseur aufeinander abgestimmt werden noch ein Skript haben, an dem sie sich abarbeiten können. Wenn man dieses Bild weiter bemühen will,

42 Siehe stellvertretend die Rede Steinmeiers am 11. April 2020, abrufbar im Internet unter: www.Bundespräsident.de.

43 Siehe dazu meinen Beitrag „Zur Normativität von Expertenwissen in der Wissensgesellschaft und insbesondere im Kontext von Prozessen der Krisenkommunikation – zugleich ein Beitrag zur Epistemisierung des Politischen", in: G.F. Schuppert/Roland Römhildt/Peter Weingart (Hrsg.), Herrschaft und Wissen, Baden-Baden 2022, S. 195–218.

44 Evelyn Moser, Rückzug des Politischen, in: APuZ Nr. 35–37/2020, S. 23 ff.

spielt auf der Bühne *Gesellschaft* eher eine Laienspielschar, die, zur Echtzeit gezwungen, weder Probe- noch Korrekturmöglichkeiten hat, sondern ihre Struktur gewissermaßen improvisieren muss und dennoch zu Selbststabilisierungen auch im Hinblick auf die Wechselseitigkeit der operativ voneinander unabhängigen Funktionssysteme kommt.“[45]

Die Entscheidungssituation am Beginn des Ukrainekrieges: Regieren am Limit

Mit dieser Überschrift wird Bezug genommen auf eine Fernseh-Dokumentation von Stephan Lamby, die in der ARD am 11. September 2023 unter dem Titel „*Regieren am Limit*“ ausgestrahlt wurde. In dieser Dokumentation wurden der Bundeskanzler, die Außenministerin, der Wirtschaftsminister als auch Christian Lindner in seiner Rolle als Finanzminister und „Chef“ der FDP jeweils ausführlich interviewt und vorbildlich gezeigt, wie schwierig es ist, Entscheidungen in der von Olaf Scholz so bezeichneten Zeitenwende (dazu später mehr) und dem Ende der bisherigen Entspannungs- und Kooperationspolitik zu treffen; in dem diese Dokumentation rezensierenden Beitrag von Nils Minkmar wird Lamby bescheinigt, ihm sei „ein Stück Geschichtsschreibung gelungen“ und um Verständnis für die *komplexe Entscheidungssituation* nach dem russischen Überfall auf die Ukraine mit den folgenden Worten geworben:

> „Wie wird es weitergehen? In diesem Film wird viel aus dem Fenster gesehen. Niemand maßt sich an, nach den Erfahrungen der letzten Monate noch Prognosen abzugeben oder große Töne zu spucken. Und das ist, wenn man den Film auf sich wirken lässt, das Bemerkenswerte an dieser Bundesregierung: Ihre Lage ist so komplex und erfordert eine derartige Konzentration, dass sie sich nur zu den dringendsten Sachen äußert.
> Hört man ein Interview mit dem Gouverneur von Florida, mit dem britischen Premier oder anderen Menschen, die sich in der internationalen Politik einen Namen machen wollen, geht es immerzu um Migration, die Gefahr der Zivilisation durch die woke Bewegung, eine angeblich drohende Ökodiktatur und etliche andere Scheinthemen. Dabei hat die Ampel genug reale Probleme zu lösen. Heute fällt reflexhaft das Adjektiv von der zerstrittenen Ampel, von der Richtungslosigkeit und den Misstönen, aber ist ein solcher, sachbezogener Streit um den besseren Weg

45 Armin Nassehi, Der Ausnahmezustand als Normalfall, Fußnote 2, S. 47.

einer erwachsenen Demokratie nicht zumutbar? Dass alle Beteiligten beseelt lächelnd und stets zufrieden einer Leitlinie folgen, das gibt es nur in Sekten."[46]

So weit zu den verschiedenen Entscheidungsbedingungen in akuten Krisensituationen. Bevor wir nun einen Blick auf die spezifische Situation der Regierten werfen, soll danach gefragt werden, ob und wenn ja welche Gemeinsamkeiten zwischen Erfahrungen von Regierten und Regierenden beobachtet werden können.

2. Parallele Vulnerabilitäts- und Ohnmachtserfahrungen von Regierten und Regierenden: das Beispiel der Corona-Krise

Erfahrungen von Vulnerabilität und Ausgeliefertsein auf Seiten der Betroffenen

Schon in der von Ulrich Beck mit großem Erfolg vor 25 Jahren analysierten und ausgemalten *Risikogesellschaft*[47] haben ihre Mitglieder erfahren müssen, dass sie die Gefährlichkeit der Risiken, mit denen sie leben müssen, aus eigener Erfahrung nicht abschätzen können: „Im Ja oder Nein, Grad, Ausmaß und Erscheinungsformen seiner Gefährdung ist er prinzipiell *fremdwissensabhängig*. Gefährdungslagen schaffen auf diese Weise Abhängigkeiten, die Klassenlagen nicht kennen: Die Betroffenen werden in Sachen ihrer eigenen Betroffenheit unzuständig. Sie verlieren ein wesentliches Stück *Wissenssouveränität*."[48]

Dies alles potenzierte sich aber in der *Anfangsphase*[49] der Corona-Pandemie. Was die Menschen hier erleben mussten – so der renommierte Soziologe Hartmut Rosa – war die Erfahrung eines weitgehenden Kontrollverlustes, die Erfahrung nämlich, dass die Corona-Pandemie sich als schlicht nicht beherrschbar erwies – und dies in einer entzauberten Welt, in der alles als durch den Menschen kontrollierbar und beherrschbar erscheint,

46 Nils Minkmar, Hier sieht man klarer, SZ Nr. 209 vom 11. September 2023, S. 16.

47 Ulrich Beck, Risikogesellschaft. Auf dem Weg in eine andere Moderne, Frankfurt/M. 1986.

48 Ebenda, S. 70.

49 Da – wie wir von Reinhard Koselleck wissen – der Begriff der Krise ein „*Verlaufsbegriff*" ist, gilt es bei der Analyse und Beurteilung von Krisen stets sorgfältig zwischen den einzelnen Phasen der Krisenentwicklung zu unterscheiden.

einschließlich des sogenannten Klimawandels. Wie ich finde, lohnt es sich, kurz in ein Gespräch hineinzuhören, das Der Spiegel mit Hartmut Rosa geführt hat.[50]

„Das Virus hat alle Qualitäten eines Monsters. Man hört es nicht, man sieht es nicht, aber es kann an jeder Ecke lauern. Ist der Türgriff versaut? Bringt der hustende Fremde den Tod? Das Atmen selbst, dass unsere Grundbeziehung darstellt zur Welt, weil es uns mit Sauerstoff versorgt, ist zur tödlichen Gefahr geworden.“ Das Virus – so Rosa weiter – sei vor allem deshalb ein Monster, weil es das Gefühl, dieses soeben angesprochenen *Kontrollverlustes* mit sich bringt. „Wissenschaftlich haben wir es noch nicht erforscht und medizinisch nicht unter Kontrolle, wir kriegen es auch politisch nicht reguliert…“ Der Versuch aber „To get back control“ legt unser ganzes, auf Beschleunigung und Wachstum fokussiertes System lahm: „statt dynamischer Stabilisierung der statische Kollaps. Das Fahrrad fällt um. Das System hat sich gegen sich selbst gewandt“.

Ohnmachtserfahrung der Regierenden: The Powerlessness of Powerful Governments[51]

Diese schöne Überschrift verdanke ich dem norwegischen, in England lehrenden Politikwissenschaftler Stein Ringen, der mit dieser Formel ausdrücken wollte und will, dass erfolgreiches Regieren immer einen Legitimitätsglauben und eine Akzeptanzbereitschaft der Regierten voraussetzt. Und dies gilt auch und gerade für den starken, das heißt über Regulierungs- und Finanzmacht verfügenden Staat, weil an ihm das paradoxe Phänomen studiert werden kann, dass der der Corona-Pandemie entgegentretende Staat zugleich äußerst stark und äußerst schwach ist; Ursula Weidenfeld hat dieses Paradox in ihrem Zwischenruf zu „Staat und Bürgersinn“ wie folgt liebevoll ausgemalt:

> „Auf den ersten Blick scheint der Staat zurzeit in Bestform zu sein. An den Finanzmärkten bekommt er unbeschränkten Kredit: Scheinbar allmächtig rettet er Unternehmen und Branchen, bewahrt er malade Mit-

50 Helene Endres u.a., Das Krisengefühl, in: SPIEGEL online, Zugriff am 16.9.2020 unter: https://www.spiegel.de/kultur/corona-krise-wie-die-angst-deutschland-veraendert-a-00000000-0002-0001-0000-000170435631.

51 Wir übernehmen hier eine Passage aus meinem Beitrag „Die Corona-Krise als Augenöffner“, Fußnote 4, S. 445.

telständler vor der Insolvenz. Er zahlt Unternehmerlöhne an Kosmetikerinnen, Weihnachtsfeier-Unterhaltungskünstler und Restaurantbesitzer, die er vorher zur Untätigkeit verurteilt hat. Auf der anderen Seite ist er wehrlos wie ein Neugeborenes: wenn er seine Bürger anflehen muss, sich an Kontaktbeschränkungen, Feierver- und Lüftungsgebote zu halten."[52]

In gleichsinniger Weise hat sich der Soziologe Armin Nassehi geäußert, der in einem Interview mit dem Magazin Der Spiegel vom 27. März 2020 folgendes gesagt hat:

> „Wie in einem Brennglas lässt sich gerade beobachten, wie manche Grundlagen der Gesellschaft funktionieren. Macht erkennt man normalerweise daran, dass diejenigen, über die man Macht hat, tun, was sie tun sollen. Machen die Leute das im Augenblick? Wann müssen sich Machtmittel extremer durchsetzen, wenn Politik nicht genug Macht über die Einsichtsfähigkeit der Bürgerinnen und Bürger hat? Wenn man sich im Augenblick die Pressekonferenzen der Politiker anschaut, sieht man, wie sie darum ringen."[53]

Wohl wahr, kann man auch hier nur hinzufügen. In der Fernsehansprache des Bundespräsidenten vom 11. April 2020 sind alle wichtigen Elemente der von den Regierenden benutzten „Mitmach-Inpflichtnahme-Rhetorik" – Vertrauen, Verantwortung, wir alle, Geduld und Disziplin – *in nuce* vorhanden, wenn er formuliert: „Es ist gut, wenn der Staat jetzt kraftvoll handelt – in einer Krise, für die es kein Drehbuch gab. Ich bitte Sie auch alle weiterhin um Vertrauen, denn die Regierenden wissen um ihre riesige Verantwortung. Doch wie es jetzt weitergeht, darüber entscheiden nicht allein Politiker und Experten. Sondern wir alle haben das in der Hand, durch unsere Geduld und unsere Disziplin – gerade jetzt, wenn es uns am schwersten fällt."[54]

---

52 Weidenfeld, Der Tagesspiegel vom Sonntag, 8. November 2020, S. 6.

53 Nassehi, Der Spiegel, 28.3.2020.

54 Abrufbar unter https://www.bundesregierung.de/breg-de/service/bulletin/rede-von-bundespraesident-dr-frank-walter-steinmeier-1743002.

3. Krisenerfahrungen der Regierten: das Beispiel des Weimarer Krisenjahres 1923

Die Zeit der Weimarer Republik galt den Zeitgenossen als eine durch Krisen gekennzeichnete Zeit[55]. Um diesen Befund zu belegen, mag hier eine etwas ungewöhnliche Methode gewählt werden; in dem hervorragenden Aufsatz von Moritz Föllmer, Rüdiger Graf und Per Leo über „Die Kultur der Krise in der Weimarer Republik“[56] findet sich die folgende Einleitung, aus der in besonders anschaulicher Weise hervorgeht, wie ausgeprägt das *Krisenbewusstsein* in der Weimarer Republik war:

> „Im Frühjahr 1932 berichtete die Berliner Boulevardzeitung *B.Z. am Mittag* von einer originellen Geschäftsidee: Ein Fremdenführer zeigte den Touristen nicht mehr die bekannten Sehenswürdigkeiten, sondern die »Weltstadt der Krise« in Form von Wohlfahrtsämtern, leerstehenden Neubauten, stillgelegten Betrieben und politischen Versammlungen. Er engagierte sogar junge Männer, die lautstark aufmüpfige Arbeitslose spielten und damit »den notwendigen ›Krisen‹-Eindruck« hervorriefen.[57] Diese Geschichte zeugt davon, wie verbreitet in der Weimarer Republik das Gefühl war, eine »Krise« zu durchleben. Es verdichtete sich zu einem Komplex von Assoziationen, Stereotypen und Erwartungen, der die Wahrnehmung der Realität bestimmte und dadurch immer wieder bekräftigt wurde.“[58]

Das dramatischste Krisenereignis und Krisenerlebnis war die sog. Hyperinflation des Jahres 1923, über deren Ursachen und Ausmaß hier nicht zu berichten ist.[59] Ausreichen mag hier die folgende im Tagebuch von Viktor Klemperer notierte Episode sein: „Auf der Rückfahrt von ihrem Urlaub in Ostpreußen bestellt seine Frau Eva in einem Wartesaal einen Kaffee: Die Preistafel zeigte 6.000 M. Das verschwand, während sie trank. Beim Kassieren verlangte der Kellner 12.000. Sie sagte, es hätte doch vorhin 6.000

---

55 Instruktiv dazu Detlev J. K. Peukert, Die Weimarer Republik. Krisenjahre der klassischen Moderne, Frankfurt/M. 1987.

56 In: Moritz Föllmer/Rüdiger Graf (Hrsg.), Die ›Krise‹ in der Weimarer Republik, Frankfurt/M./New York 2005, S. 9–41.

57 »Krisen gefällig?«, B.Z. am Mittag vom 7.5.1932.

58 Ebenda, S. 9.

59 Ausführlich und materialreich dazu die Bücher von Peter Longerich und Volker Ullrich, Fußnote 35.

dort gestanden. »Ach, Sie waren schon während des alten Preises hier? Dann zahlen Sie 6.000.«"[60]

Uns geht es aber an dieser Stelle nicht um die Hyperinflation als ökonomisches Phänomen, sondern darum, was sie mit den von ihr betroffenen Menschen „machte". Während also die kognitive Dimension des Regierens unter Stress schon bei den Überlegungen zum für Krisen typischen schwierigen Entscheidungssituationen gestreift worden war, geht es jetzt um die *sozialpsychologische Dimension* von Krisen, während die ebenfalls wichtige kommunikative Dimension unter der Überschrift „Bedrohte Ordnungen" ausführlich erörtert werden soll. Zu der hier interessierenden sozialpsychologischen Seite haben sich natürlich alle Autoren geäußert, die sich mit den Weimarer Krisenjahren beschäftigt haben; so auch Volker Ullrich:

> „Noch gravierender als die wirtschaftlichen und gesellschaftlichen Auswirkungen der Währungskatastrophe waren ihre Folgen für die Sozialmoral. Mit der fast totalen Entwertung des Geldes ging eine fundamentale Entwertung bisher gültiger Normen und Werte einher. Tugenden wie Sparsamkeit, Rechtschaffenheit, Gemeinsinn verloren ihre Verbindlichkeit; Egoismus, Skrupellosigkeit, Zynismus waren Trumpf. [...]
> Der Verlust des Vertrauens in die Funktion des Geldes als Wertmesser zog den Verlust des Vertrauens in die bestehende politische und gesellschaftliche Ordnung nach sich. Worauf war denn noch Verlass, wenn das möglich war? Woran sollte man sich noch halten? Diese Fragen stellten sich wie viele Angehöriger seiner Generation auch der damals siebzehnjährige Klaus Mann, der älteste Sohn Thomas Manns. »Unser bewusstes Leben begann in einer Zeit beklemmender Ungewissheit«, schrieb er in seiner Autobiographie. »Der Wendepunkt«. »Da um uns herum alles barst und schwankte, woran hätten wir uns halten, nach welchen Gesetzen orientieren sollen? Die Zivilisation, deren Bekanntschaft wir in den zwanziger Jahren machten, schien ohne Balance, ohne Ziel, ohne Lebenswillen, reif zum Ruin, bereit zum Untergang. Ja, wir waren früh vertraut mit apokalyptischen Stimmungen, erfahren in mancherlei Exzessen und Abenteuern.«"[61]

Und bei unserem zweiten Referenzautor – Peter Longerich – heißt es dazu ergänzend[62]: „Die sozialpsychologischen Auswirkungen der Inflation

60 Hier zitiert nach Volker Ullrich, Fußnote 35, S. 79.

61 Ebenda, S. 87/88.

62 Fußnote 35, S. 137/138.

auf die Gesellschaft waren umfassend. Sie zeigten sich – in den Worten des Historikers Jürgen von Kruedener – als »Einbrüche in soziale Absicherungen und Stützungen des Verhaltens, als Unübersehbarkeit von Handlungsabläufen, als Erwartungsunsicherheiten aufgrund der Reduzierung des Zeithorizonts, als allgemeine Orientierungsverluste« und schließlich als »Destabilisierungen des Normensystems selbst«[63]. Diese durchschlagenden Wirkungen der Geldentwertung förderten ein Klima »egoistisch geprägter, aggressiver Gereiztheit«[64].“[65]

Diese Stimmung der aggressiven Gereiztheit hat die „Berliner Illustrierte Zeitung“ in ihrer Ausgabe vom 28.8.1923 unter der Überschrift „Überhitzte Nerven“ wie folgt eingefangen:

> „Das trommelt täglich auf den Nerven: der Zahlenwahnsinn, die ungewisse Zukunft, das über Nacht wieder fraglich gewordene Heute und Morgen. Epidemie der Angst, der nacktesten Not [...] Der Mensch von heute ist weder gut noch böse. Der Mensch von heute ist müde. Er ist satt von Aerger, krank von Aufregung, ein gehetztes Tier, das sein bißchen Verstand zusammenkratzen muß, um zu existieren ... Was nützen da gute Ratschläge. Das Herrschsüchtige, das in jedem Menschen heimisch versteckt lebt, bricht brutal durch, verliert die Zusammenhänge mit der ebenso gereizten Umwelt, kocht, zittert, entlädt sich eruptiv. Diese tausendfachen Zusammenstöße, täglich in der Straßenbahn, in der Untergrundbahn, überall, wo Menschen sich in Massen vertragen müssen, haben alle den ähnlichen Dialog.“[66]

Ein interessantes Phänomen ist, dass in der Inflation sich auch der traditionelle *bürgerliche Eigentumsbegriff* auflöste: „Die Unterschiede zwischen »Mein« und »Dein« verschwammen“.[67] Noch interessanter aber finden wir, dass dieses Phänomen in der Zeit nach dem Zusammenbruch des „Dritten Reichs“ ebenfalls zu beobachten war, und zwar vor allem im sog. „Kältewinter“ 1946/47, in dem die städtische Bevölkerung nicht nur hungerte, sondern vor allem fror. In dieser Notsituation wurde der „Kohlenklau“ zu einem aus der Not geborenen Volkssport; bei Harald Jähner heißt es zu

---

63 Jürgen von Kruedener, Die Entstehung des Inflationstraumas. Zur Sozialpsychologie der deutschen Hyperinflation 1922/1923, in: Gerald D. Feldman u.a. (Hrsg.), Konsequenzen der Inflation, Berlin 1989, S. 248.

64 Ebenda, S. 245.

65 Ullrich, Fußnote 35, S. 103/104.

66 Hier zitiert nach v. Kruedener, S. 139.

67 Ullrich, Fußnote 35, S. 103/104.

diesem – wie man es nennen könnte – *„variablen Rechtsbewusstsein“* in seinem Buch „Wolfszeit“[68] anschaulich wie folgt:

> „Das Eigentumsrecht löste sich in der Not nicht einfach auf, es wurde umdefiniert. Alles, was nicht einer konkreten Person zugeordnet werden konnte, war für das volkstümliche Rechtsgefühl in diffusen Allgemeinbesitz übergegangen und wurde vom Nächstbesten als konfiszierbar betrachtet. [...] Man traf feine Unterschiede zwischen Klauen und Klauen, deren Abwägung den eigenen Besitz unter Schutz stellen sollte, während man den anderer an sich bringen konnte. Ein Stück Steinkohle war, sobald es von jemandem persönlich in Beschlag genommen war, vom kollektiven Rechtsgefühl geschützter, als wenn es bloß als Besitz einer abstrakten Institution auf dem Güterwagen lag. Wer die Kohle vom Wagen nahm, fringste[69], wer sie aus dem Privatkeller nahm, stahl.“[70]

Noch eine ergänzende Bemerkung sei an dieser Stelle gestattet: in nahezu allen Büchern, die sich mit den Weimarer Krisenjahren und insbesondere mit der sog. Hyperinflation beschäftigen, begegnet man zwei äußerst unsympathischen Menschentypen: den „Schiebern“ und den „Raffkes“. Wir nehmen dies zum Anlass, in dem nachstehenden Exkurs einen näheren Blick auf einige identifizierbare Sozialfiguren zu werfen, die gemeinhin als *Kinder von Krisen* gelten.

---

68 Harald Jähner, Wolfszeit. Deutschland und die Deutschen 1945 – 1955, Berlin 2019.

69 Der Begriff „fringsen“ bezieht sich auf den folgenden Sachverhalt: „Der Kölner Kardinal Josef Frings relativierte in seiner berühmten Silvesterpredigt 1946, mitten im »Hungerwinter«, das siebte Gebot »Du sollst nicht stehlen«: »Wir leben in Zeiten, da in der Not auch der Einzelne das wird nehmen dürfen, was er zur Erhaltung seines Lebens und seiner Gesundheit notwendig hat, wenn er es auf andere Weise, durch seine Arbeit oder durch Bitten, nicht erlangen kann.« Das Hirtenwort schlug große Wellen, die Behörden protestierten, Frings feilte daraufhin an abschwächenden Formulierungen, aber es war zu spät: Fortan nannten die Leute das »Organisieren« einfach »Fringsen«; Jähner, a.a.O., S. 237.

70 Fußnote 68, S. 235/36.

III. Einige krisentypische Sozialfiguren

1. Sozialfiguren im Kontext von Krisennarrativen: Raffkes, Schieber, Hamsterer

In ihrem informativen Artikel über „Sozialfiguren zwischen gesellschaftlicher Erfahrung und soziologischer Diagnose“ gehen Sebastian J. Moser und Tobias Schlechtriemen[71] von der Beobachtung aus, dass soziologische Zeitdiagnosen dazu neigen, ihre Analysen in emblematischen Figuren zu verdichten, „in deren Zügen sich wesentliche *Charakteristika der Gegenwartsgesellschaft* verkörpern“. Prominenz erlangen solche Sozialfiguren – und das interessiert hier – im Kontext von Krisennarrativen: „Unter Rückgriff auf Sozialfiguren werden *krisenhafte Erfahrungen artikuliert*, auf die es noch keine klaren oder gar institutionalisierten Antworten gibt. Sie können der soziologischen Forschung zur explorativen *Erkundung gesellschaftlicher Problemstellungen* dienen. [...] Porträts einzelner Sozialfiguren haben in der Soziologie eine lange Tradition und tauchen vor allem dann auf, wenn *gesellschaftliche Umbrüche* problematisiert werden. Beispiele dafür sind: „Der Fremde“ (Georg Simmel), „Der Hobo“ (Nels Anderson), „Die Angestellten“ (Siegfried Kracauer), „Arbeiterkinder“ (Ralf Dahrendorf), „Der flexible Mensch“ (Richard Senneth), „Der Tourist“ (Zygmunt Baumann), „Der Künstler“ (Pierre-Michel Menger) oder „Der Migrant“ (Thomas Nail)[72].

Was zunächst die von revolutionären Wirren und ökonomischem Niedergang gekennzeichneten Anfangszeit der Weimarer Republik angeht, so fallen zwei Sozialfiguren ins Auge: dies ist einmal die neue Spezies der „Raffkes“ und „Schieber“, die in dem 1924 erschienenen Roman „Raffke & Cie.“ von Artur Landsberger anschaulich beschrieben worden ist[73], zum anderen der Typus des in den „Roaring Twenties“ anzutreffenden „Eintänzers“ – meistens ehemalige Offiziere oder verarmte Adelige –[74] der von dem später berühmten Regisseur Billy Wilder autobiographisch in mehreren

71 Sebastian J. Moser/Tobias Schlechtriemen, Sozialfiguren – zwischen gesellschaftlicher Erfahrung und soziologischer Diagnose, in: Zeitschrift für Soziologie 2018, S. 164–180.

72 Ebenda, S. 165.

73 Artur Landsberger, Raffke & Cie. Die neue Gesellschaft, Hannover 1924.

74 Näher dazu Harald Jähner, Höhenrausch. Das kurze Leben zwischen den Kriegen, Berlin 2022, S. 229 ff.

Zeitungsartikeln unter dem Titel „Herr Ober, bitte einen Tänzer. Aus dem Leben eines Eintänzers“[75] beschrieben worden ist.

Aus der Zeit nach dem Zusammenbruch von 1945 ist dem kollektiven Gedächtnis der Bundesrepublik die Sozialfigur des „Hamsterers“ in lebhafter Erinnerung. Im Hungerwinter 1946/47, in dem Lebensmittel und Heizmaterial für Städter kaum zu haben waren, betrat der „Hamsterer“ die Szene: „Allein aus Köln brachen täglich etwa 10.000 Menschen auf, um Lebensmittel vom Land in die Stadt zu schleppen. Abends sah man sie, wie sie in Koffern, Taschen und Rucksäcken ihre Beute nach Hause trugen.“[76] Beim Phänomen des Hamsterers scheint es sich übrigens um so etwas wie eine anthropologische Konstante zu handeln – denkt man nur an die Hamsterkäufe von Toilettenpapier zu Beginn der Corona-Pandemie.

2. Verschwörungstheoretiker und Querdenker als in der Corona-Pandemie prominente Sozialfiguren

Verschwörungstheoretiker als krisentypische Sozialfiguren

Es besteht seit jeher – von den Hexenverfolgungen[77] bis zu den im Gefolge von Katastrophen und Pandemien gehäuft agierenden Verschwörungstheoretikern – die *Versuchung*, das komplexe und sehr schwer zu durchschauende Weltgeschehen radikal zu vereinfachen und ihm eine sinnstiftende Interpretation zu unterlegen. Die gängigste Erklärung dafür findet sich in einer vielzitierten Schrift von Michael Butter und kann hier stellvertretend herangezogen werden: „Verschwörungstheorien stiften Sinn und betonen menschliche Handlungsfähigkeit; sie ermöglichen es, die vermeintlich Schuldigen zu identifizieren, und transportieren die Hoffnung, dass diesen das Handwerk gelegt werden kann. Zudem erlauben sie es, sich der breiten Masse überlegen zu fühlen, weil diese von der angeblichen Verschwörung ja nichts ahnt. Durch ihre Stigmatisierung hat dieser Aspekt zusätzliche Bedeutung erlangt, da der Glaube an Verschwörungstheorien es nun er-

75 In: BZ am Mittag, 19., 20., 22. und 24. Januar 1927.
76 Jähner, ebenda, S. 236 f.
77 Informativ Wolfgang Behringer, Hexen. Glaube, Verfolgung, Vermarktung, München 7. Aufl. 2020.

möglicht, sich bewusst in Opposition zum Mainstream und den allgemein akzeptierten Überzeugungen einer Gesellschaft zu positionieren."[78]

Zwei Dinge erscheinen uns an dieser Stelle hervorhebenswert:

Erstens gibt es eine offensichtliche Parallele zwischen Populismus und Verschwörungstheorien. Das sie einigende Band ist einmal das Misstrauen und die Abneigung gegen Eliten sowie die gemeinsame Tendenz, das politische Feld radikal zu vereinfachen. Es gehört zum Standardrepertoire populistischer Staatschefs und ihrer Anhänger, „die angeblichen Komplotte von Eliten anzuprangern, die sich an ihre Privilegien klammern, obwohl doch das Volk in einer demokratischen Wahl eine ganz andere Richtung vorgegeben hat"[79]. Beide – dies ist die zweite strukturelle Parallele – lehnen die Annahme ab, dass es in einer modernen Demokratie eine Vielfalt von Akteuren gibt, deren Interessen und Intentionen sich teilweise widersprechen, teilweise aber auch überlappen. „Für den Populismus dreht sich alles um den Konflikt zwischen Elite und Volk, für die Verschwörungstheoretiker um den Gegensatz von Verschwörern und ihren Opfern."[80]

Zweitens besteht ein deutliches Näheverhältnis zum Phänomen eines zunehmenden *Identitätsbewusstseins.* So weist Butter zurecht darauf hin, dass sich mit dem „Eliten-Bashing" eine gezielte Ansprache derjenigen verbunden wird, die das Gefühl haben, „kulturell zurückgesetzt" worden zu sein: „Es geht also häufig nicht um Wirtschafts-, sondern um Identitätspolitik".[81] So wird vielfach mit Erfolg eine Gefühlslage vieler Menschen angesprochen, dass für traditionelle Werte und den eigenen Lebensentwurf kein Platz mehr im eigenen Land ist.[82]

Zur neuen Spezies der „Querdenker"

Der Begriff Querdenker ist eine Selbstbezeichnung und spiegelt den Versuch einer Gruppe von Personen wider, das „Querdenken" zu ihrem Markenzeichen zu machen. Im Wortprofil des „Digitalen Wörterbuchs der deutschen Sprache" wird der „Querdenker" definiert als eine „Person, die

---

78 Michael Butter, „Nichts ist, wie es scheint". Über Verschwörungstheorien, 4. Aufl. Berlin 2020, S. 104.

79 Butter, a.a.O., S. 173.

80 Ebenda, S. 175.

81 Ebenda, S. 176.

82 Arlie Russell Hochschild, Strangers in Their Own Land. Anger and Mourning on the American Right, New York 2016.

eigenwillige und mit etablierten Positionen meist nicht vereinbare Ideen oder Ansichten vertritt, äußert und deshalb oft auf Unverständnis oder Widerstand trifft. Der Querdenker ist häufig unbequem, das rückt ihn auch in die Nähe des »Querulanten« oder des »Querkopfs«."[83] Sie sind der Versuch, die von großen Teilen der Bevölkerung und der Politik als gefährlich eingeschätzten Pandemie anders zu deuten, d.h. vor allem zu verharmlosen, die zu ihrer Bekämpfung ergriffenen Maßnahmen deshalb als unverhältnismäßig zu qualifizieren und verdächtigen die Regierung und organisierten Interessen einer gezielten Politik der Desinformation.

Was die Zusammensetzung derjenigen betrifft, die sich den Querdenkern zurechnen oder an den von ihnen organisierten Protestdemonstrationen teilnehmen, so ist sie – wie die bisherigen Forschungen ergeben haben[84] – nicht leicht zu bestimmen. Insgesamt sei von einer großen Heterogenität innerhalb der Bewegung der Corona-Kritiker auszugehen. Es handele sich nicht um eine, sondern um mehrere, häufig disparate soziale Gruppen, die über geteilte Mentalitäten verbunden sind. Während Beobachter einer frühen Anti-Corona-Demonstration in Konstanz sich eher an die Atmosphäre eines Kirchentages erinnert fühlten, hatten Demonstrationen in Berlin inklusive Vertretern der „Reichsbürger" einen gänzlich anderen Charakter. Man ist sich auch weitgehend darüber einig, dass man die Querdenker-Proteste nicht als Veranstaltungen bildungsferner Randgruppen abtun kann; im Gegenteil: der Anteil derer, die Abitur oder einen Hochschulabschluss oder selbständige Mittelständler sind, ist im Vergleich zur Gesamtbevölkerung deutlich erhöht."[85]

Aber es gab und gibt nicht nur die Raffkes, Verschwörungstheoretiker und Querdenker; in den Krisenjahren der Weimarer Republik betraten noch zwei weitere Sozialfiguren die Bühne, auf die zum Abschluss dieses Gliederungspunktes noch ein kurzer Blick geworfen werden soll.

83 DWDS, Querdenker, 16.2.2021.

84 Oliver Nachtwey/Robert Schäfer/Nadine Frei, Politische Soziologie der Corona-Proteste. Grundauswertung vom 17.12.2020, Universität Basel.

85 Ebenda, Fußnote 83.

3. Inflationsheilige und völkische Agitatoren

In der für Krisenzeiten typischen „Flucht in »verkappte Religionen«[86] traten und treten immer wieder Figuren auf, die für die Auswege aus dem „Jammertal" von Geldentwertung und Normenerosion Erklärungen und Lösungen anboten/anbieten, die der „Sphäre des Irrationalen"[87] zuzurechnen sind. Eine dieser Figuren waren die sog. „Inflationsheiligen"[88], die – häufig in Sandalen und Büßergewand – Botschaften verkündeten, deren Bestandteile von Peter Longerich wie folgt zusammengefasst worden sind:

> „Inhaltlich bestand das von ihnen gepredigte Gedankengut aus einer kruden Mischung: Ideen und Entwürfe aus der Lebensreform- sowie aus der Jugendbewegung, Versprechen auf Religionserneuerung, der Wille zur revolutionären Umgestaltung der Gesellschaft, und zwar in einer eigenartigen Verbindung von völkischen, syndikalistischen und sozialistischen Ansätzen; Vorstellungen, die zum Teil in Landkommunen verwirklicht werden sollten. Hinzu kam eine für die Zeitgenossen provozierende sexuelle Freizügigkeit, die im Namen der eigenen »Sache« alle Tabus über den Haufen warfen."[89]

Während diese Inflationsheiligen ebenso schnell wieder verschwanden, wie sie aufgetaucht waren, waren die *völkischen Agitatoren* ein ernster zu nehmendes Phänomen; es gilt geradezu als ein Signum von durch Angst und Unsicherheit geprägten Zeiten – dazu sogleich mehr –, dass nicht nur – wie Ulrich Bröckling es formuliert – der „Heldenhunger" Konjunktur hat[90], sondern auch der Ruf nach der starken Führerpersönlichkeit, eine Sehnsucht, die wiederum von der politischen Rechten effektiv „bedient" wurde.[91] Dies noch in Erinnerung habend, blicken viele – wie auch der

86 Longerich, Fußnote 35, S. 147 ff.; näher dazu Carl Christian Bry, Verkappte Religionen. Kritik des kollektiven Wahns, Neuausgabe hg. von Martin Gregor-Dellin, München 1979.

87 Longerich, ebenda, S. 147.

88 Näher dazu Ulrich Linse, Barfüßige Propheten. Erlöser der zwanziger Jahre, Berlin 1983.

89 Ebenda, S. 149.

90 Siehe dazu Ulrich Bröckling, Postheroische Helden. Ein Zeitbild, Berlin 2020.

91 Klaus Schreiner, Wann kommt der Retter Deutschlands, 1938; Ian Kershaw, Höllensturz. Europa 1914–1940, Pantheon Ausgabe, München 2017, S. 297 ff.

Autor dieses Beitrags – mit Sorge nicht nur auf den Höhenflug der AfD[92], sondern auch das Erstarken der Rechten in anderen europäischen Ländern.

Dies veranlasst uns, zum Abschluss dieses Krisenkapitels einen Blick darauf zu werfen, wie sich die Flucht in verkappte Religionen, Verschwörungstheorien und der Erfolg rechtspopulistischer Parteien eigentlich erklären lassen.

IV. Sozialpsychologische Erklärungsversuche für die Verhaltensdispositionen Krisenbetroffener

1. Angst und Unsicherheit als eine Art Grundmelodie

In der großen Darstellung der Geschichte Deutschlands zwischen 1517 und 1648, der Heinz Schilling den Titel „Aufbruch und Krise" gegeben hat[93] tauchen gleich zu Beginn des Krisenabschnitts die Begriffe „Angst" und „Unsicherheit" in geschwisterlicher Eintracht auf: „Wie war es zu dieser tiefen *Verunsicherung* der Menschen gekommen? Hatten die *Befürchtungen* und *Ängste* einen wirklichen Grund oder entsprangen sie allein den Hirnen fanatischer Ideologen? Wie richteten sich einzelne und die Gesellschaft in der wieder unbehausten Welt ein? Wie reagierten sie auf die neuen Seelennöte?"[94] Und Joachim Käppner hat seiner hymnischen Rezension des soeben erschienenen Buches von Christopher Clark über den „Frühling der Revolution"[95] auf das wir noch ausführlicher zu sprechen kommen werden, die folgende Überschrift gegeben: *„Angst ist der Schlüssel.* Christopher Clarks meisterhaftes Buch über Europa in den Jahren 1848/49 als Epoche des Umbruchs und der Unsicherheit"[96]. Schließlich sei noch ein Blick auf das monumentale Werk von Ian Kershaw mit dem Titel „Achterbahn" geworfen[97], in dem das *Phänomen der Unsicherheit* eine zentrale Rolle spielt. In seinem Einführungskapitel behandelt er *„Europas zwei Epochen*

92 Momentaufnahme vom 7. Oktober 2023, einen Tag vor der Landtagswahl in Hessen und Bayern.

93 Heinz Schilling, Aufbruch und Krise, Deutschland 1517–1648, Vollständige Taschenbuchausgabe Berlin 1998.

94 Ebenda, S. 373.

95 Christopher Clark, Frühling der Revolution – Europa 1848/49 und der Kampf für eine neue Welt, München 2023.

96 Süddeutsche Zeitung Nr. 226 vom 30.9./1.10.2023, S. 19.

97 Ian Kershaw, Achterbahn. Europa 1950 bis heute, München 2019.

der Unsicherheit", nämlich einerseits als atomares Schreckensgleichgewicht nach dem Zweiten Weltkrieg und eine »Matrix neuer Unsicherheit«, „deren Elemente eine liberalisierte, deregulierte Wirtschaft, die unaufhaltsame Globalisierung, eine dramatische Revolution der Informationstechnologie und nach 1990 die Entstehung einer multipolaren internationalen Machtverteilung waren"[98]; und in dem Schlusskapitel wird *„Eine neue Ära der Unsicherheit"* besichtigt, von der man nicht weiß, welchen Ausgang sie nehmen wird.

Zu guter Letzt soll Peter R. Neumann zu Wort kommen, der soeben mit dem Buch *„Logik der Angst.* Die rechtsextreme Gefahr und ihre Wurzeln"[99] hervorgetreten ist; in einem Interview mit dem SPIEGEL[100] hat er die Frage „Warum erleben wir ein Erstarken des Rechtsextremismus?" wie folgt beantwortet: „Weil sich vieles rasant verändert. Die Krisen der vergangenen Jahre – Migration, Corona, Ukrainekrieg, Inflation – bereiten den Menschen Sorgen. Und *Angst* ist der beste Nährboden für Rechtsextremismus. Angst muss nicht zwangsläufig zu Wut und Hass führen, sie macht die Menschen aber empfänglich für rechtsextreme Thesen. In Teilen der Gesellschaft macht sich das Gefühl breit, dass »die da oben« sich nicht um das kümmern, was die Leute umtreibt. Das ist gefährlich."

2. Veränderungserschöpfung

Der bayerische Ministerpräsident Markus Söder hat im gerade zurückliegenden Wahlkampf laut einem Bericht in der Süddeutschen Zeitung vom 30.9./1.10.2023[101] folgende Überzeugung formuliert: „Die Deutschen wollen jemand, der ihnen abends, wenn sie ins Bett gehen, das Gefühl gibt, dass die Welt am nächsten Morgen noch die gleiche ist."

Wem dies zu wenig wissenschaftlich ist, der sei auf das gerade erschienene Buch „Triggerpunkte" von Steffen Mau, Thomas Lux und Linus Westheuser[102] verwiesen, in dem sie sich unter anderem mit der Rolle von *Affekten* in Konfliktarenen beschäftigen und auch mit dem beobachtbaren Phänomen der *affektiven Polarisierung* in konfliktbeladenen gesellschafts-

98 Ebenda, S. 21.
99 Berlin 2023.
100 Der Spiegel Nr. 37 vom 9.9.2023, S. 38/39.
101 Nr. 226, S. 11.
102 Steffen Mau/Thomas Lux/Linus Westheuser, Triggerpunkte. Konsens und Konflikt in der Gegenwartsgesellschaft, Berlin 2023.

politischen Diskursen; sie diagnostizieren eine zunehmende *Veränderungserschöpfung* der Menschen und führen dazu erläuternd Folgendes aus:

> „[...] schauen wir auf die *emotionale Betriebstemperatur der Konfliktlagen*, die wir an zwei sozialen Gefühlen festmachen, die in den vergangenen Jahren in den Fokus gerückt sind: *Wut* und *Erschöpfung*. Wir fragen, ob es die vielbeschworenen »Wutbürger« wirklich gibt; wer die Menschen sind, die politische Diskussionen oft wütend verfolgen, und wie Wut und Wahrnehmungen des Meinungsklimas zusammenhängen. An diese Befunde schließen wir dann eine *Analyse sozialer Veränderungserschöpfung* an. Hier geht es um Gefühle der Überforderung, die sich aus der Wahrnehmung speisen, die Gesellschaft wandele sich so schnell, dass man fürchtet, den Anschluss zu verlieren. Unsere Grundintuition ist dabei, dass Wut und Erschöpfung in vielen Fällen Hand in Hand gehen: etwa, wenn schneller gesellschaftlicher Wandel bei Anhängern althergebrachter Haltungen *zu gereizter Überforderung* führt, aber auch dann, wenn Angehörige benachteiligter Klassen der eigenen Machtlosigkeit und sozial verordneten Passivität mit Ärger begegnen."[103]

Es scheint mir eine gute Idee zu sein, an dieser Stelle einen Zeitzeugen zu Wort kommen zu lassen; unsere Wahl fiel dabei auf Wolfgang Thierse – von 1998 bis 2005 der erste ostdeutsche Bundestagspräsident – der sich gerne als den „letzten Indigenen vom Prenzlauer Berg" bezeichnet und der Georg Ismar von der Süddeutschen Zeitung für einen Gesprächs-Spaziergang[104] zur Verfügung stand; in dem Bericht über diesen Spaziergang heißt es auszugsweise wie folgt:

> „Es sei Kern des Populismus, dass einfache Antworten verfangen. Deren Erfolg hänge mit kulturellen Ängsten vor Veränderung zusammen. »Der Krieg und seine Folgen, die Verhinderung der Klimakatastrophe, die Migration, die Änderung in unserer Produktion durch Digitalisierung und KI. Diese Veränderungen treffen auf Menschen, die in den vergangenen 30 Jahren schon dramatische, teilweise schmerzliche Veränderungen zu bestehen hatten, nicht immer mit Erfolg.«
> Es sei auch heute nicht angenehm, das Vertraute zu verlieren – phänotypisch zu sehen am Streit um das Heizungsgesetz, als Veränderung bis in den eigenen Heizungskeller und Geldbeutel plötzlich spürbar wurde. [...]

103 Ebenda, S. 321/322.

104 Georg Ismar, „Die Konflikte werden noch schärfer werden", SZ Nr. 240 vom 18. Oktober 2023, S. 7.

> Vieles finde derzeit gleichzeitig statt. »Das ist die Stunde der Populisten, und zwar europaweit oder vielleicht sogar weltweit.« Die Veränderungsdramatik, wie er es nennt, erzeuge Ängste, Unsicherheiten und verführe Menschen zur Sehnsucht nach einfachen Antworten. »Demokratie ist immer zu langsam gegenüber diesen Wünschen«, sagt Thierse. Das sei das Dilemma und treffe auf eine völlig veränderte Medienwelt, die immer oberflächlicher und zugespitzter werde."[105]

Im Ergebnis führe dies – wie Steffen Mau zutreffend hervorhebt – zu Wahlerfolgen für solche Parteien, die sich – wie die AfD – als *„Polarisierungsunternehmer"* betätigten:

> „Polarisierungsunternehmen wie die AfD bestimmen immer stärker den Diskurs, diktieren die Themen, über die öffentlich verhandelt wird. Mittlerweile gibt es große Teile der Bevölkerung, die sich angesichts des rapiden Wandels überrollt oder abgehängt fühlen. Die Unsicherheit bei vielen ist groß. Wenn dann Liberale oder Progressive kommen und ihnen sagen, sie müssen sich permanent verändern, um sich an die Welt anzupassen, fällt das Angebot der AfD auf fruchtbaren Boden. Sie verspricht Entlastung und gaukelt Sicherheit vor, indem sie sagt: Du kannst bleiben, wie du bist, die Welt muss sich an dich anpassen. Das trifft natürlich de facto nicht zu, aber *Teile der Gesellschaft sind veränderungserschöpft*, da kommt es an. In Ostdeutschland noch stärker."[106]

3. Die These von der „posttraumatischen Belastungsstörung"

Der Sozialforscher Klaus Hurrelmann – Senior Professor of Public Health and Education an der Berliner „Hertie School of Governance" – beschäftigt sich – was wir für viel wichtiger halten als die Konzentration auf das Thema Krisenmanagement – mit der *„mentalen Verfasstheit* unserer Gesellschaft nach Jahren der nicht nur gefühlten, sondern real existierenden

105 Ebenda, S. 7.

106 Interview mit Steffen Mau (Interviewer Tim Frehler) – unter der Überschrift „Teile der Gesellschaft sind veränderungserschöpft", SZ Nr. 202 vom 2./3. September 2023, S. 6.

Dauerkrise."[107] Er will – genau wie wir – wissen, was die Krisenerlebnisse mit den Menschen „gemacht haben" und machen.

Bei seinen empiriegesättigten Überlegungen spielt – was uns nicht überraschen kann – das Thema *Verunsicherung* eine zentrale Rolle:

> „In der letzten Studie „Jugend in Deutschland" konnten Simon Schnetzer und ich nachweisen, wie stark in allen Gruppen der Bevölkerung gegenwärtig die psychische Belastung und die *Zukunftsunsicherheit* ist. Alle leiden unter den Spätfolgen der Corona-Pandemie, der Klimaangst, der Belastung durch den Krieg Russlands gegen die Ukraine, den sich daraus ergebenden wirtschaftlichen Folgen einschließlich der Inflation und den gesellschaftlichen Spannungen durch große Flüchtlingsströme. Im Blick auf die Zukunft sind *alle Altersgruppen tief verunsichert*, was ihre Lebensplanung angeht. Es herrscht eine pessimistische Stimmung wie schon lange nicht mehr."[108]

Ein solches langanhaltendes *Gefühl der Verunsicherung bis hin zur Ohnmacht* führte und führt – wie vielfach belegt sei – zu nachwirkenden physischen und psychischen Beeinträchtigungen wie etwa Angstgefühlen, Essstörungen und Suizidneigungen: „Das sind Reaktionen, die immer dann eintreten, wenn Menschen die *Lebensorientierung* fehlt. Wenn ihnen, wie es die Gesundheitstheorie ausdrückt, das *»Kohärenzgefühl«* abhanden gekommen ist." Dieser Verlust an Kohärenzgefühl habe selbst dann Folgen, wenn die jeweilige, soeben erlebte Krise wie etwa die Corona-Krise schon überwunden sei.

> „Die Pandemie liegt inzwischen zwar hinter ihnen, aber die psychischen Folgen sind noch nicht abgeklungen. Im Gegenteil – die Reaktion auf die inzwischen überwundene Bedrohung durch die Katastrophe tritt verzögert ein, weil man erst jetzt, einige Monate nach dem endgültigen Abklingen der Notsituation, so richtig realisiert, wie ungeheuer kräftezehrend die drei Corona-Jahre waren. Und welche verheerenden sozialen und wirtschaftlichen Folgen sie haben. Das Phänomen der verzögerten Wahrnehmung von Existenzangst ist aus der psychiatrischen Forschung und Praxis bekannt. Es wird als *‚posttraumatische Belastungsstörung'* bezeichnet. Sie wird im ICD-10, dem international abgestimmten Dia-

107 Siehe dazu seinen Beitrag „Partei der Profiteure. Corona, Krieg, Klima: Die Gesellschaft zeigt Anzeichen einer posttraumatischen Belastungsstörung. Das nutzt vor allem: der AfD", in: Süddeutsche Zeitung Nr. 167 vom 22./23. Juli 2023, S. 15.

108 Ebenda, S. 15.

gnosekatalog der Weltgesundheitsorganisation, als »eine verzögerte Reaktion auf ein belastendes Ereignis oder eine Situation kürzerer oder längerer Dauer mit außergewöhnlicher Bedrohung oder katastrophenartigem Ausmaß« bezeichnet."[109]

Zum Abschluss dieses Gliederungspunktes und unseres Krisenkapitels soll noch einmal Hurrelmann die folgende, uns einleuchtende Bilanz ziehen dürfen:

> „Die Liste der Symptome liest sich wie eine Beschreibung des Zustands unserer Gesellschaft: Viele Menschen aller Altersgruppen sind erschöpft, am Ende ihrer psychischen Kräfte. Sie bräuchten dringend Ruhe und Schonung, um sich zu regenerieren und ihre ‚Freudlosigkeit' zu überwinden. Genau das aber ist ihnen nicht möglich. Sie haben sich noch nicht vom Corona-Schock erholt, und schon bauen sich neue Katastrophen auf: Der nicht enden wollende Krieg Russlands gegen die Ukraine, die sich daraus ergebende Inflation, die anscheinend nicht kontrollierbaren Fluchtbewegungen, die drohende Klimakatastrophe. Damit wird das *Ohnmachtsgefühl der Corona-Jahre* immer wieder reaktiviert, es entsteht der Eindruck, da rolle die nächste Entwicklung über die Menschen hinweg, die sie nicht selbst beeinflussen können. *Das macht Angst*, das schürt Panik."[110]

Dass die AfD davon profitieren dürfte, liegt nicht nur für Klaus Hurrelmann auf der Hand.

---

109 Ebenda, S. 15.
110 Ebenda, S. 15.

C. Bedrohte Ordnungen

Mit dieser Überschrift wird hier angeknüpft an den gleichnamigen Tübinger Sonderforschungsbereich 923, der im Sommer 2011 seine Arbeit begonnen hat und dessen Erkenntnisfrüchte inzwischen in drei umfang- und inhaltsreichen Bänden präsentiert worden sind.[111] Es liegt daher nahe, mit einem ganz kurzen Blick auf das Forschungsdesign des SFB 923 zu beginnen, wobei uns weniger der Ordnungsbegriff als solcher interessiert[112] als der Aspekt der Bedrohung.

I. Von der Krise zur Bedrohung

Was unter der „Bedrohung" einer existierenden politischen Ordnung zu verstehen ist, erläutern uns Ewald Frie und Mischa Meier in ihrem, den Band I eröffnenden Beitrag: „Bedrohte Ordnungen. Gesellschaften unter Stress im Vergleich" wie folgt:

> „Eine Ordnung ist dann bedroht, wenn Akteure zu der Überzeugung gelangen, dass Handlungsoptionen unsicher werden, Verhaltenserwartungen und Routinen in Frage stehen und sie sich jetzt oder in naher Zukunft wahrscheinlich nicht mehr aufeinander verlassen können. Ihnen gelingt es, eine *Kommunikation* zu etablieren, in der sie eine konkrete *Bedrohungsquelle* benennen. Diese *Kommunikation* ist durch starke Emotionen gekennzeichnet (affektiver Zustand), überlagert min-

111 Ewald Frie/Mischa Meier (Hrsg.), Aufruhr – Katastrophe – Konkurrenz – Zerfall. Bedrohte Ordnungen als Thema der Kulturwissenschaften, Tübingen 2014; Ewald Frie/Mischa Meier/Dennis Schmidt (Hrsg.), Bedroht sein. Gesellschaften unter Stress im Vergleich, dieser an sich 2019 als Erscheinungsjahr geplant Band ist nunmehr im Oktober 2023 erschienen; Ewald Frie/Mischa Meier (Hrsg.), Krisen anders denken. Wie Menschen mit Bedrohungen umgegangen sind und was wir daraus lernen können, Berlin 2023.

112 Näher zum Ordnungsbegriff Andreas Anter, Die Macht der Ordnung. Aspekte einer Grundkategorie des Politischen, Tübingen 2004.

destens teilweise andere *Kommunikationsthemen* (Bedeutsamkeit) und argumentiert mit dem Faktor Zeit (*prohabilistic*, Unmittelbarkeit)."[113]

Wie schon an dieser kurzen Passage deutlich wird, spielt in dem Forschungsansatz der Tübinger Historiker der Begriff der *Kommunikation* eine zentrale Rolle; dies wird vollends klar, nimmt man die von ihnen formulierten *fünf Forschungsfragen* hinzu, die auch wir nach unseren soeben angestellten Überlegungen zum Krisenphänomen für die entscheidenden Fragen halten:

„1. Wann, wie und warum identifizieren und definieren Akteure eine Bedrohung? Mit welchen Mitteln halten sie die Bedrohung kommunikativ überzeugend präsent?
2. Wann, wie und warum endet die Bedrohung? Unter welchen Bedingungen findet *Bedrohungskommunikation* keinen Glauben mehr, weil Akteure zu der Überzeugung gelangen, dass Handlungsoptionen wieder sicher sind, Verhaltenserwartungen und Routinen nicht mehr infrage stehen?
3. Wer hat in der Bedrohungssituation die *Definitions- bzw. die Handlungsmacht*? Welche Machtbeziehungen werden in bedrohten Ordnungen sichtbar? Wie verändern sie sich?
4. Ergeben sich aus hohem Zeitdruck und unvollständigen bzw. fehlerhaften Informationen nichtintendierte Nebenfolgen und Überraschungen?
5. Sind im Agieren und Reagieren in bedrohten Ordnungen bestimmte Regelmäßigkeiten erkennbar, die sich zu Regeln verdichten und eventuell zu einer Verlaufstypologie bedrohter Ordnungen entwickeln lassen?"[114]

Aber nicht nur mit diesen Forschungsfragen berühren sich die Interessensschwerpunkte des SFB mit den unsrigen, sondern auch mit der starken Betonung von *Vulnerabilitätserfahrungen*, die von den von Krisen Betroffenen durchlebt werden; zum Stellenwert des *Konzepts der Vulnerabilität* in der Arbeit des SFB heißt es bei Ewald Frie und Mischa Meier in uns überzeugender und zu unseren bisherigen Überlegungen passender Weise wie folgt:

113 Ewald Frie/Mischa Meier, Bedrohte Ordnungen. Gesellschaften unter Stress im Vergleich, in: dieselben (Hrsg.), Aufruhr – Katastrophe – Konkurrenz – Zerfall, Fußnote 111, S. 4.

114 Ebenda, S. 7.

> „Es ermöglicht die *Bestimmung des Grades der Anfälligkeit einer Gesellschaft* für extreme Ereignisse und deren Folgen, d.h. es leistet einen Beitrag zur Identifizierung raschen sozialen Wandels, indem es gewissermaßen die ‚Schmerzgrenze' einer Gesellschaft aufweist, bevor es zu massiven Anpassungs- und Veränderungsprozessen kommt. [...] es hilft uns, die Toleranz- bzw. Dehnungsfähigkeit einer Ordnung auszuloten und uns damit jenen Kippmomenten anzunähern, in denen Ordnungen über die ihnen ohnehin inhärente Dynamik hinaus *grundlegende Wandlungsprozesse* durchlaufen oder gar in neue Ordnungen transformiert werden – unabhängig von der jeweils zeitgenössischen und zeitgebundenen Bedrohungskommunikation."[115]

Darauf ist unter der Überschrift „Zeitenwenden" noch zurückzukommen. Bevor wir uns nun auf den uns elektrisierenden Begriff *„Bedrohungskommunikation"* stürzen, wollen wir aber einen Punkt aufgreifen, den wir für ganz zentral halten, nämlich das Verhältnis von gefühlten und realen Bedrohungen.

II. Zum Verhältnis gefühlter und realer Bedrohungen

Wir haben schon länger den Verdacht, dass bei vielen, wenn nicht bei den meisten Fällen von Krisen und Bedrohungen nicht die realen Phänomene das Entscheidende sind, sondern die *Krisen- und Bedrohungsgefühle.* Zwei soziologische Befunde nähren diesen Verdacht weiterhin.

Den ersten Befund entnehmen wir einem Interview mit dem Berliner Soziologen Steffen Mau, in dem er zu seinem mit zwei anderen Autoren soeben vorgelegten Buch über „Triggerpunkte. Konsens und Vielfalt in der Gegenwartsgesellschaft"[116] befragt wurde; die Autoren bezweifeln hierin, dass die Rede von der deutschen Gesellschaft als einer zutiefst gespaltenen Gesellschaft so generell zutrifft. Eine entscheidende Rolle spiele die *gefühlte Polarisierung*:

> „Eigentlich geht es uns [...] nicht um die Polarisierung der Gesellschaft, sondern um die Konfliktdynamik und die Radikalisierung des Randes, die stark über die Bewirtschaftung von Affekten und Triggerpunkten wie der Gendersprache oder das Heizungsgesetz funktioniert.

115 Ebenda, S. 16.
116 Berlin 2023.

> **Ist die Radikalisierung des Randes nicht so weit vorangeschritten, dass sich auch Menschen aus der Mitte anschließen?**
> So ist das. Die Mitte ist akustisch abgedimmt, und die Ränder, vor allem der rechte, sind lauter geworden. Eine beunruhigende Erkenntnis ist in diesem Zusammenhang übrigens – aus den USA gibt es dazu inzwischen gute Forschung –, dass die *gefühlte Polarisierung* eine Antriebskraft für *echte Polarisierung* sein kann. Wenn wir alle glauben, dass die Welt in zwei Lager gespalten ist, dann verhalten wir uns politisch auch so – und es wird real. Soll heißen: Bei jedem Sachproblem geht es nicht mehr um die Sache. Jeder will nur noch wissen, auf welcher Seite die eigenen Leute sind und wo die Gegner. *Die reale Polarisierung ist dann eine Folge der gefühlten Polarisierung* und nicht umgekehrt, wie man es erwarten würde. Dieses Phänomen wird unseres Erachtens längst nicht ausreichend verstanden und ernst genommen."[117]

Das zweite Beispiel verdanken wir der Lektüre eines Buchs der US-amerikanischen Soziologin Arlie Russell Hochschild, in dem sie von ihrer Reise zur amerikanischen Rechten in den Südstaaten berichtet.[118] In dem Abschnitt über „Ringen um Ehre und Anerkennung" legt sie dar, dass die bisherigen Grundlagen der Ehre und Anerkennung[119] der im Süden der USA lebenden Arbeiter, nämlich Arbeit, regionale Herkunft, Bundesstaat, Familienleben und Kirche in der Konfrontation mit den globalisierten Menschen der Ost- und Westküste der USA zunehmend an Bedeutung verloren. Sie *fühlten* sich plötzlich fremd in ihrem eigenen Land, ein Prozess, der uns von Arlie Russell Hochschild wie folgt geschildert wird:

> „Allem Anschein nach war ein solches Selbstverständnis jedoch immer weniger eine Quelle der Ehre und Anerkennung. Zunehmend rückte *ein Selbstbild* anderer Art in den Vordergrund, eines, das stärker von einer kosmopolitischen oberen Mittelschicht geprägt war, die ein weit gestreutes Netzwerk lockerer Freundschaften pflegte, sich auf den Wettbewerb um Zugang zu renommierten Elite-Colleges und steile Karrieren vorbereitete, die Menschen weit fort von ihrer Heimat führen konnten.

117 Das Interview durch Jens-Christian Rabe ist abgedruckt in der SZ Nr. 230 vom 6. Oktober 2023, S. 11.

118 Arlie Russell Hochschild, Fremd in ihrem Land. Eine Reise ins Herz der amerikanischen Rechten, Frankfurt/New York 2017.

119 Zur Anerkennungsbedürftigkeit des Menschen siehe G.F. Schuppert, Über Menschenbilder. Wie sie unser Denken und Handeln bestimmen, Baden-Baden 2023, S. 196 ff.

Solche kosmopolitischen Persönlichkeiten waren darauf ausgerichtet, sich ihren Weg in die globale Elite zu bahnen. Sie kamen damit zurecht, weiter von ihren Wurzeln entfernt zu leben, und waren bereit, zu gehen, wenn sich ihnen eine Chance bot. Sie bezogen erheblichen Stolz aus liberalen Anliegen: Menschenrechte, Gleichheit aller Menschen, Kampf gegen Erderwärmung. Viele Liberale der oberen Mittelschicht, weiße wie auch schwarze, merkten gar nicht, was sie mit ihrem Selbstverständnis in emotionaler Hinsicht verdrängten. Denn mit den Arbeitsplätzen für einfache Arbeiter kam deren Lebensweise aus der Mode und damit auch die Ehre und Anerkennung, die mit einer verwurzelten Persönlichkeit und dem Stolz auf das Durchhaltevermögen verknüpft waren – das mit der *Tiefengeschichte verbundene Selbstverständnis.* Die liberale obere Mittelschicht sah in der Gemeinschaft nur Abschottung und Engstirnigkeit, nicht die Quelle von Zugehörigkeit und Anerkennung. Dabei war ihnen offenbar nicht klar, dass sie angesichts der Trends »jenseits der Hügelkuppe« vielleicht die nächsten wären, die verdrängt würden.
Die wechselnden moralischen Voraussetzungen für den amerikanischen Traum *hatten die Tea-Party-Anhänger in den gesamten Vereinigten Staaten zu Fremden im eigenen Land gemacht,* voller Angst und Wut auf die Menschen, die sich ihrer Ansicht nach in der Warteschlange vordrängelten und sie verdrängten und ihres Platzes verwiesen."[120]

Dass bei Krisen und Bedrohten Ordnungen Gefühle und Emotionen eine so große Rolle spielen, scheint uns leicht erklärbar zu sein, wenn wir an die oben geschilderte Grundmelodie von *Unsicherheiten und Ängsten* zurückdenken; ganz in diesem Sinne argumentieren Ewald Frie und Steffen Patzold, wenn sie das im Vergleich zum Risiko und der Gefahr Spezifische einer Bedrohung wie folgt charakterisieren:

„Die Begriffe »Unsicherheit« und »Bedrohung« sind anders. *Sie haben mit Gefühlen zu tun:* Unsicher werde ich, wenn ich ein Risiko nicht abschätzen kann und Gefahren nur vermute, nicht aber kenne. Risiken einzugehen mag mancher lieben. Unsicherheit dagegen fühlt sich für niemanden gut an. Das gilt auch für Bedrohungen: Keiner *fühlt sich gern bedroht.* Bei einer Bedrohung ist deshalb schnell Abhilfe gefordert; aber der Ausgang ist ungewiss, weil die Bedrohung tendenziell überfordert. Bedrohungen zeichnen sich aus durch einen spezifischen Mix an

120 Ebenda, S. 291/292.

Emotionen, die Verknappung von Zeit, die Überforderung, die Unberechenbarkeit und Unverfügbarkeit. *Bedrohung geht mit Angst einher.*"[121]

Unsicherheitsgefühle, Ängste und Situationen des Sich-Bedroht-Fühlens aber wollen – wie alle Erfahrung lehrt – *kommuniziert* werden, denn nur so entsteht aus dem individuellen Gefühl ein handlungsleitendes *Kollektivgefühl*, das sich – wie etwa jüngst bei den Landtagswahlen in Bayern und Hessen – in Wahlergebnissen widerspiegelt; damit sind wir beim Stichwort der *Bedrohungskommunikation* angelangt.

III. Zum Verhältnis von Krisen- und Bedrohungskommunikation

Der Begriff der *Krisenkommunikation* ist nach den Jahren der Corona-Krise jedermann geläufig, gehört es doch zu den wichtigsten Aufgaben der Regierenden in Krisensituationen die ergriffenen Maßnahmen – häufig Ge- und Verbote in reinster Form – den Adressaten gegenüber zu erklären und plausibel zu begründen. Dies gilt um so mehr, wenn die von Regierung und Verwaltung praktizierte Krisenpolitik *Verhaltensänderungen der Herrschaftsunterworfenen* erfordert, die nur zu erwarten sind, wenn das den Betroffenen angesonnene Verhalten für diese versteh- und einsehbar vermittelt wird.[122] Und dies gilt noch einmal mehr, wenn die Krise – wie etwa die Corona-Pandemie – mit Vulnerabilitäts- und Ohnmachtserfahrungen der Bürger und tief verwurzelten Ängsten[123] einhergeht – ein Sachverhalt, der von Benno Zabel in seinem grundlegenden Beitrag „Recht, Angst, Vulnerabilität"[124] eindringlich herausgearbeitet worden ist.

Krisenkommunikation fungiert hier also – und dies ist der entscheidende Punkt – als zentraler *Baustein einer effektiven Krisenbewältigung*, ist also der von uns als unzureichend empfundenen *Perspektive des Krisenmanagements* verhaftet, ein Sachverhalt, der im „Leitfaden Krisenkommunikation

121 Ewald Frie/Steffen Patzold, Alarmieren und anheizen, in: Ewald Frie/Mischa Meier (Hrsg.), Krisen anders denken, Fußnote 111, S. 121.

122 Siehe dazu – bezogen auf die Krise des Klimawandels – das Interview mit der auf Wissenschaftskommunikation spezialisierten Psychologin Mirjam Jenny in der SZ Nr. 125 vom 1. Juni 2022: „Erst mal müssen die Leute verstehen".

123 Vgl. dazu die Beiträge in: Koch (Hrsg.), Angst. Ein interdisziplinäres Handbuch, 2013; Bude, Gesellschaft der Angst, 2014.

124 Benno Zabel, Liberale Gesellschaften zwischen Krise und Resilienz, Rechtswissenschaft 2020, 233–261.

des Bundesministeriums des Innern"[125] klar und deutlich zum Ausdruck kommt.

Bei der *Bedrohungskommunikation* geht es um etwas ganz anderes: sie fungiert nicht als Instrument des Krisenmanagements, sondern als Baustein des *Entstehens eines kollektiven Bedrohungsgefühls*; dies verdeutlichen Ewald Frie und Steffen Patzold, wenn sie in ihrem Beitrag „Alarmieren und Anheizen" – zu den Intentionen des Bandes „Krisen anders denken" Folgendes anmerken:

> „*Bedrohungen sind als kollektives Gefühl nicht einfach da.* Sie entstehen durch Alarmierungen aus Ordnungen heraus. Eine Bedrohung kann natürlich auch nur mich persönlich betreffen (etwa wenn ich auf dem Heimweg möglicherweise überfallen werde). Die Autorinnen und Autoren dieses Buches interessieren sich jedoch nicht für solche individuellen Bedrohungen, sondern fragen danach, *wie es dazu kommt, dass sich Gruppen von Menschen oder ganze Gesellschaften bedroht fühlen.* Damit das passiert, müssen die Betroffenen *miteinander kommunizieren.* Um das Aussprechen der Bedrohung, um das Alarmieren, Schüren, Anheizen des Bedrohungsgefühls geht es in den fünf Fallgeschichten, die gleich folgen."[126]

Es handelt sich also – und dem können wir gut folgen – bei der in der Tübinger Forschungsgruppe in den Mittelpunkt ihres Forschungsdesigns gestellten Bedrohungskommunikation[127] um einen *eigenen Kommunikationstyp*[128], der ein wesentliches Element von *Bedrohungsdiskursen* darstellt und dessen harter Kern aus *Bedrohungsnarrativen* besteht, die – worauf wir hier nur hinweisen möchten – eine auffällige Verwandtschaft zu Verschwörungstheorien aufweisen.

---

125 Abrufbar unter https://www.bmi.bund.de/shareddocs/downloads/de/publikationen /krisen/bevoelkerungsschutz/leitfaden-kommunikation.html.

126 Fußnote 121, S. 113.

127 Näher dazu Fabian Fehner u.a. »We are gambling with our survival«. Bedrohungskommunikation als Indikator für bedrohte Ordnungen, in: Ewald Frie/Mischa Meier (Hrsg.), Aufruhr – Katastrophe – Konkurrenz – Zerfall, Fußnote 113, S. 141–172.

128 Näher dazu Werner Schirmer, Bedrohungskommunikation. Eine gesellschaftliche Studie zu Sicherheit und Unsicherheit, Wiesbaden 2008, insbesondere S. 123–164.

IV. Krisendiskurse und Bedrohungsnarrative at work: drei ausgewählte Beispiele

1. Das Partikularinteressen ausgelieferte Gemeinwohl

In einem am 13. Juni 1999 gehaltenen Vortrag in der Berlin-Brandenburgischen Akademie der Wissenschaften (Arbeitsgruppe Gemeinwohl und Gemeinsinn) zum Thema „Gemeinwohldefinition im kooperativen Staat" hatte ich verschiedene „Gemeinwohlszenarien" präsentiert, darunter auch das von mir so genannte „Auslieferungs-Szenario", womit die Preisgabe des Gemeinwohls an die organisierten Interessen gemeint war.[129] Bei der zufälligen nochmaligen Lektüre wurde mir klar, dass es sich hierbei um ein klassisches *Bedrohungsnarrativ* handelte, bei dessen Ausmalung ich verschiedene *Szenarienmaler* identifiziert hatte: „Wir können" – so hatte ich ausgeführt – „mit Fritz W. Scharpfs besorgter Frage nach der »Handlungsfähigkeit des Staates am Ende des 20. Jahrhunderts« beginnen,[130] da der moderne Staat als fragmentierter, polyarchischer und vielfach vernetzter Staat in seiner Beschaffenheit an den *»Staat des hohen Mittelalters«* gemahne; wir könnten fortsetzen mit der von March und Olsen vorgestellten Staats- und Verwaltungstypologie,[131] in der eines der vier Staatsmodelle, nämlich der *Corporate Bargaining State* dadurch gekennzeichnet ist, daß in ihm gewonnene Wahlen nicht mehr ein umfassendes Mandat zur Gesellschaftsgestaltung vermitteln, sondern ‚nur' noch einen – wenn auch besonderen – *Platz am Verhandlungstisch.* Die staatliche Bürokratie ist in diesem Modell nicht mehr unparteiliches Instrument, das *Rollenverständnis* der öffentlichen Bediensteten ist das von *Schlichtern, Verhandlungsführern und Konfliktmittlern.*"[132]

Als wichtigsten Szenarienmaler aber hatte ich Dieter Grimm in den Zeugenstand gebeten, der mit großer Eindringlichkeit darauf hingewiesen hatte, dass der *exorbitante Einfluss präkonstitutioneller Verbände* die Statik der Verfassung ernsthaft bedrohe:

---

129 G.F. Schuppert, Gemeinwohldefinition im kooperativen Staat, in: Herfried Münkler/Karsten Fischer (Hrsg.), Gemeinwohl und Gemeinsinn im Recht. Konkretisierung und Realisierung öffentlicher Interessen, Berlin 2002, S. 67–98.

130 In: Beate Kohler-Koch (Hrsg.), Staat und Demokratie in Europa, Opladen 1992, S. 93–115.

131 J. G. March/J. P. Olsen, Rediscovering Institutions. The Organizational Basis of Politics, New York 1989.

132 A.a.O., S. 70/71.

„Die Verfassung erfaßt also ihrem Anspruch zum Trotz politische Herrschaft nur noch fragmentarisch. Neben den von ihr eingerichteten und regulierten Organen existieren *parakonstitutionelle Entscheidungsträger. Zum anderen werden die bestehenden Entscheidungsorgane und -verfahren wenn schon nicht bedeutungslos, so doch zumindest entwertet.* Das gilt insbesondere für das Parlament und die parlamentarische Gesetzgebung, von deren Funktionieren das System in demokratischer und rechtsstaatlicher Hinsicht abhängt. Im selben Maß, wie kooperative Entscheidungsformen vordringen, fällt ihr Entscheidungsbeitrag aus oder verliert an Gewicht. [...] Die Verbände werden auf diese Weise neben weiteren, zum Teil aus derselben Quelle gespeisten Erscheinungen zu einem *Testfall für die Überlebenskraft des Verfassungsstaats.*“[133]

2. Die Reformation als auch kommunikativ abzuwehrende Bedrohung

Ein hervorragendes Beispiel für eine bedrohte Ordnung war die Ordnung des christlichen Glaubens in Gestalt der einen, die gesamte europäische Christenheit umfassende (katholischen) Kirche durch die Reformation. Die Reformation war ein zentraler Angriff auf die bestehende *„Kirche als Herrschaftsinstitution“*[134] und wurde von ihr auch als existenzgefährdende Bedrohung wahrgenommen. Da die Reformation wie insbesondere Heinz Schilling[135] und Thomas Kaufmann[136] herausgearbeitet haben, auch und vor allem ein *Kommunikations- und Medienereignis* war[137], musste der Abwehrkampf auch mit kommunikativen Mitteln ausgetragen werden, wie z.B. durch das *Instrument der Predigt.* In ihrem Beitrag „Macht und Mobilisierung in Bedrohten Ordnungen“ haben Ernst Henning Hahn u.a. zu

133 Dieter Grimm, Verbände, in: E. Benda/W. Maihofer/H. J. Vogel (Hrsg.), Handbuch des Verfassungsrechts der Bundesrepublik Deutschland, Berlin/New York 1995, S. 665.

134 Näher dazu G.F. Schuppert, Über Herrschaft. Praktiken, Verständnisse und Rechtfertigungen von Herrschaft – ein soziologischer und historischer Streifzug, Tübingen 2023, S. 273 f.

135 Heinz Schilling, Martin Luther. Ein Rebell in einer Zeit des Aufbruchs, München 2012.

136 Thomas Kaufmann, Erlöste und Verdammte. Eine Geschichte der Reformation, München 2016.

137 Siehe dazu auch G.F. Schuppert, „Von Streitschriften und Flugblättern oder: Zur Reformation als Kommunikationsereignis“, in: derselbe, Wege in die moderne Welt. Globalisierung von Staatlichkeit als Kommunikationsgeschichte, Frankfurt/New York 2015, S. 97 ff.

den von ihnen so bezeichneten *konfessionellen Ordnungsprozessen des 16. Jahrhunderts* Folgendes ausgeführt:

> „Sie wollten den Alltag der Gesellschaft, aber auch die eigenen kirchlichen Gegebenheiten ordnen, durchdringen, strukturieren und vor der Bedrohung durch die konfessionelle Alterität schützen. Hierfür wurde besonders die Predigt sowohl von den Jesuiten als auch von den tridentinischen Klerikern als ein Machtmittel zur Konsens- und Handlungsmobilisierung gegen die *als Ordnungsbedrohung gesehene reformatorische Bewegung* genutzt. Die Bedrohung war vielfältig: Nicht nur institutionalisierte Formen von kirchlicher Macht sondern auch religiöse und theologische Überzeugungen erschienen durch Luther und die reformatorische Bewegung als höchst bedroht. Für altgläubige Akteure wurde *die Predigt eine zentrale weiche Macht*, deren Wirkungs- und Bedeutungsgeschichte bis dato in der historischen Forschung kaum berücksichtigt wurde. Die Auswertung der Predigten zeigt, dass durch diese die altgläubige Ordnung als eine Bedrohte Ordnung kommuniziert wurde respektive, dass durch Konsensmobilisierung und Bedrohungskommunikation durch und in der Predigt eine Bedrohte Ordnung etabliert wurde."[138]

Da die Predigt in der Reformation als einer „öffentlich verhandelten Sache"[139] eine zentrale Rolle spielte, sah sich die angegriffene Kirche ihrerseits veranlasst, *kommunikativ „aufzurüsten"*, und zwar in Gestalt der Stärkung des Instruments der Predigt:

> „Grundvoraussetzung für den Predigtdienst auf der Kanzel war, dass der jeweilige Prediger dazu das Recht von der Kirche, die im Namen Gottes handelte, zugesprochen bekam. Besonders mit den Beschlüssen des Trienter Konzils wurde die Predigt in ihrer Stellung und Bedeutung zu einem zentralen Medium der katholischen Reform des 16. Jahrhunderts erklärt. Anlass dazu gaben die *als Konkurrenz angesehenen evangelischen Prediger*, die gut ausgebildet und wortgewandt waren und daher als Bedrohung wahrgenommen wurden. Zur Stärkung und Legitimierung der eigenen Predigt wurden während des Trienter Konzils auf den Grund-

---

138 Ernst-Henning Hahn/Jan Sändig/Felix Schäfer/Annette Schramm/Marie Schreier/Joachim Werz, Macht und Mobilisierung in Bedrohten Ordnungen, in: Ewald Frie/Mischa Meier/Dennis Schmidt (Hrsg.), Bedroht sein. Gesellschaften unter Stress im Vergleich, Tübingen 2023, S. 122.

139 Schilling, Fußnote 135, S. 238.

> lagen vorheriger Konzilien Fragen der kirchlichen Predigtvollmacht thematisiert."[140]

Es ging also vor allem darum, das Instrument der Predigt als das Hauptmedium altgläubiger Glaubenserneuerung dadurch zu stärken, dass ihm eine *doppelte Legitimationsbasis* zugesprochen wurde:

> „Wer also im 16. und 17. Jahrhundert von der Kanzel einer altgläubigen Kirche predigen durfte, hatte sozusagen in doppelter Weise Recht: Einerseits verdankte er die Erlaubnis zu seiner Tätigkeit einer transzendent verstandenen Bestimmung und einem heiligen Willen Gottes, aber andererseits auch der kirchenrechtlichen Beauftragung in Amt und Würde auf Grundlage der kanonischen Normativen des Konzils von Trient. [...] Andererseits verlieh diese rechtliche Legitimation den Worten der Prediger eine sakrosankte Autorität, da sich diese auf das *ius divinum* und die kirchlichen Normen berufen konnten und dadurch ihrem Urteil sowohl über Orthodoxie und Heterodoxie, über rechten und falschen Lebenswandel als auch über Wahrheit und Lüge eine göttliche Legitimität zugrunde lag. Mit dem Konzil von Trient wurden unter Androhung kirchlicher Strafen alle Bischöfe ermahnt, ihrer Pflicht zur Verkündigung des Evangeliums nachzukommen. Dies galt auch für die Prediger in den Stadt- und Dorfkirchen. Ziel dieser disziplinierenden Maßnahme war es, die *Predigt als das Hauptmedium altgläubiger Glaubenserneuerungen* in einem Zeitalter der Konkurrenz der Konfessionen zu postulieren. Die rechtliche Grundlage war die Voraussetzung für eine unter starker Konkurrenz stattfindende Mobilisierung."[141]

3. Die krisengeschüttelte bzw. – je nach Lesart – existenzbedrohte Demokratie

Krisendiagnosen waren – wie jüngst Philip Manow noch einmal unter Benennung zahlreicher literarischer Zeugen eindrücklich belegt hat – „schon immer ein Begleiter der Demokratie"[142]. Hinsichtlich der Vorhersagekraft der jeweiligen Krisendiagnosen sei allerdings Vorsicht geboten:

140 Hahn et al., Macht und Mobilisierung, S. 123.

141 Ebenda, S. 123/124.

142 Philip Manow, Die Beobachtung der Beobachtung der Demokratie. Zur Diagnose demokratischer Regression, in: Abschlussband der Interdisziplinären Arbeitsgruppe

> „[...] wenn permanent irgendjemand Krise schreit, wird das noch nicht dadurch zu einer präzisen Prognose, dass sie dann mitunter auch tatsächlich eintritt. Wenn Marxisten, wie es in einem bekannten Witz heißt, zwölf der letzten drei Weltwirtschaftskrisen völlig korrekt vorhergesagt haben, macht das den Marxismus noch nicht zu einer präzisen Wissenschaft. Zudem hatte Laski[143] seinen düsteren Ausblick in den frühen 1930er Jahren genau auf die Analyse jener zwei Länder gestützt, die dann für das Überleben der Demokratie im 20. Jahrhundert von zentraler Bedeutung werden sollten: die USA und das Vereinigte Königreich. Insofern erscheint die Frage durchaus berechtigt, inwieweit sich auch die gegenwärtige Debatte zumindest in Teilen einem *Hang der Gegenwart zur Selbstdramatisierung* verdankt. Daraus ergibt sich der Bedarf nach einer methodisch kontrollierteren Betrachtung von Demokratie, eine, die nicht nur auf die besonders sichtbaren negativen Fälle blickt."[144]

Der Befund, dass Demokratie und Krisenrhetorik seit je zusammengehören, wird auch von Herfried Münkler in seinem 2022 erschienenen Buch über „Die Zukunft der Demokratie"[145] geteilt. Interessanterweise aber wählt Münkler andere Begriffe zur Beschreibung dieses Sachverhalts: er spricht weniger von Krisen denn von *Gefährdungen* und *Bedrohungen* und vor allem von „*Bedrohungswahrnehmungen* der Demokratie"[146], von einem „ausgeprägten *Gefährdungsempfinden* in Demokratien"[147]. Demokratie sei für die Deutschen nach einem etwas schwierigen Start nach 1945 immer selbstverständlicher, man habe sich an sie gewöhnt: „Das läuft auf eine *schleichende Gefährdung* der demokratischen Ordnung hinaus. Die Übernahme einer Demokratie durch Oligarchen und Autokraten hat inzwischen jedoch nicht mehr die disruptive Dynamik, die mit den selten gewordenen Militärputschen verbunden war. Sie verbirgt sich zumeist hinter einer Fassade, die den Fortbestand der Demokratie vortäuscht. Neben diesen im weiteren Sinne *sozialpsychologischen Ursachen* kann als Erklärung für das *notorische Gefühl der Bedrohtheit* in Demokratien auch die Auflösung von

---

„Normative Konstituenzien der Demokratie", Berlin 2023, Berlin-Brandenburgische Akademie der Wissenschaften.

143 Harald J. Laski, Democracy in Crisis, London 1935 [1931], The University of North Carolina Press.

144 S. 3 der Manuskriptfassung.

145 Herfried Münkler, Die Zukunft der Demokratie, Wien 2022.

146 Ebenda, S. 56.

147 Ebenda, S. 57.

sozio-ökonomischen Konstellationen herausgestellt werden, die zeitweilig demokratieförderlich gewirkt haben."[148]

Wenn sich dies aber so verhält, dass moderne Demokratien vom Typus der Bundesrepublik durch ein *notorisches Gefühl des Bedrohtseins* gekennzeichnet sind, dann erscheint es uns um so wichtiger, dass den Bürgern das Gefühl genommen wird, mit dieser gefühlten Bedrohungslage allein gelassen zu sein. Eine zentrale Funktion der *Krisen- und Bedrohungskommunikation* seitens der Regierenden bestünde darin, den Regierten das Gefühl zu geben, dass sie mit ihren Empfindungen, Gefühlen, Sorgen und Befürchtungen ernst genommen werden und – soweit es in ihrer Macht steht – Abhilfe versprochen wird. Damit sind wir bei einem uns wichtigen Punkt angelangt, mit dem der Abschnitt über Bedrohte Ordnungen denn auch abgeschlossen sein soll.

V. „You never walk alone“: zur Rolle von Reziprozität und Solidarität

Es mag manchen verwundern, hier ausschnitthaft den Text eines Songs zitiert zu finden, der von den Fans des FC Liverpool bei den Spielen ihrer Mannschaft in der Anfield Road mit Inbrunst gesungen wird. Er ist offenbar Ausdruck einer komplexen Beziehung zwischen den sog. Fans, dem Verein und den Spielern, die auch darin zum Ausdruck kommt, dass die Spieler nach Spielschluss zu den vorzugsweise in der Südkurve platzierten Fans gehen und sich applaudierend für die akustische Unterstützung bedanken. Man wird nicht fehl gehen, hierin eine soziale Beziehung zu sehen, die in gewisser Weise dem *„code of reciprocity“*[149] verpflichtet ist, einem *Prinzip der Reziprozität*, das herrschaftssoziologischer Natur ist und in Reinkultur von Friedrich dem Großen wie folgt formuliert wurde: „Von meinen Unterthanen fordere ich weiter nichts als bürgerlichen Gehorsam und Treue. So lange sie hierunter ihre Pflicht beobachten, erachte ich mich wiederum verbunden, ihnen gleiche Gunst, Schutz und Gerechtigkeit angedeihen zu lassen, von was für speculativen Meinungen in Religions-Sachen sie auch ansonsten eingenommen sein möchten."[150] Und im vom Geist der Aufklärung geprägten Josephinischen Bürgerlichen Gesetzbuch von 1786

148 Ebenda, S. 59/60.

149 Begriff bei Max Gluckman, Politics, Law and Ritual in Tribal Society, Oxford 1965, S. 71.

150 Hier zitiert nach Tim Blanning, Friedrich der Große. König von Preußen, München 2018, S. 459.

heißt es in gleichsinnniger Weise: „Jeder Unterthan erwartet von dem Landesfürsten Sicherheit und Schutz. Es ist also die Pflicht des Landesfürsten, die Rechte der Unterthanen deutlich zu bestimmen, und ihre Handlungen so zu leiten, wie es der allgemeine und besondere Wohlstand erfordert."

Wenn wir diesen Gedanken der Reziprozität nunmehr auf den Schutz in Krisen- und Katastrophensituationen wie der Corona-Pandemie anwenden, so kann man – an dem Aufsatztitel „Schutz, Macht und Verantwortung" von Jürgen Osterhammel[151] anknüpfend – mit Stephan Rixen von einer *„Risikobewältigungspflicht"* des Staates bzw. von der *„Staatsaufgabe Resilienzgarantie"* sprechen.[152] Wir finden aber eine andere Semantik vorzugswürdig und schlagen vor, von einer Reziprozität von *Schutzerwartungen* der Pandemiebetroffenen und einem *Resilienzversprechen* der Regierenden zu sprechen; danach – so Benno Zabel – *„markiert Resilienz ein Versprechen,* dessen eine verunsicherte, um nicht zu sagen dystopische Gegenwart offenbar bedarf: Beherrschbarkeit der Gewissheitsverluste, diverser Ängste und eines zunehmend disruptiven Wandels"[153]. Und genau ein solches Resilienzversprechen ist der Sinn, wenn der Bundeskanzler der Bundesrepublik Deutschland in den Gesang der Fans des FC Liverpool einstimmt.

Allerdings ist – wie häufig oder gar in der Regel – mit dem Versprechen unausgesprochen eine wiederum *reziproke Erwartung* verbunden, nämlich dass die Versprechensempfänger mit dem Versprechenden an einem Strang ziehen, um den gemeinsam erwünschten Resilienzerfolg zu erreichen, sei es durch die Befolgung der Maskenpflicht, sei es durch das Einsparen von Energie.

Aber noch eine weitere Erwartung scheint mir den Resilienzversprechen der Regierenden zugrunde zu liegen, nämlich die Erwartung oder besser die *Hoffnung*, dass die Erfahrung der Pandemie so etwas wie eine *gefühlte Solidargemeinschaft* entstehen lassen könnte; so verstehen wir jedenfalls Bundespräsident Frank-Walter Steinmeier in seiner schon zitierten Rede vom 11. April 2022.[154]

---

151 In: Transit 2015, S. 7–23.

152 Stephan Rixen, Verwaltungsrecht der vulnerablen Gesellschaft, in: VVDStRL 80 (2021), S. 38–67.

153 Benno Zabel, Recht und Resilienz. Eine Kritik, in: G.F. Schuppert/Martin Repohl (Hrsg.), Resilienz. Beiträge zu einem Schlüsselbegriff spätmoderner Gesellschaften, Baden-Baden 2023, S. 27–54.

154 Zitiert bei G.F. Schuppert, Zur Normativität von Expertenwissen in der Wissensgesellschaft, in: Schuppert/Römhildt/Weingart (Hrsg.), Herrschaft und Wissen, Baden-Baden 2022, S. 202.

D. Zeitenwenden

I. Begriffe mit hohem Inflationsrisiko: „Krise" und „Zeitenwende" als gegenwärtig besonders aussichtsreiche Kandidaten

Für die Karriere von Begriffen, ihren zum Teil kometenhaften Aufstieg wie auch ihr häufig zu beobachtendes sternschnuppenartiges Verglühen habe ich mich seit jeher interessiert; ich bekenne mich auch schuldig, in zwei Fällen versucht zu haben, die Karriere eines Begriffs zu befördern. Der erste Versuch betrifft den *Governancebegriff*, den ich für zukunftsträchtig hielt und dem ich gerne auch in meiner Heimatdisziplin – der Rechtswissenschaft – mehr Aufmerksamkeit wünschte.[155] Das mir selbst die unentrinnbare Popularität des Governancebegriffs bewusst wurde, zeigt meine kleine Schrift mit dem Titel „Alles Governance oder was?" aus dem Jahre 2011.[156]

Der zweite Begriff ist der der *Resilienz*, dem inzwischen ebenfalls kaum zu entgehen ist. Mich interessierte dabei nicht nur die Frage, wie resilient sich das Konzept des Verfassungsstaates in „hard times" erweist, sondern – die Fragestellung generalisierend – wie resilient unsere politische Kultur in Zeiten affektiver Polarisierung ist.[157] Außerdem wollte ich mehr darüber herausfinden, wie, das heißt mit welchen Resilienzstrategien die von einer Pandemie oder einer Katastrophe Betroffenen mit ihren dort gemachten Erfahrungen umzugehen suchen.[158]

155 Meine „Governance-Karriere" begann mit meiner Berufung an das Berliner Wissenschaftszentrum für Sozialforschung (WZB), wovon der von mir herausgegebene Band „Governance-Forschung". Vergewisserung über Stand und Entwicklungslinien, Baden-Baden 2005, Zeugnis ablegt.

156 Baden-Baden 2011.

157 Wie resilient ist unsere Politische Kultur?, in: DER STAAT 2021, S. 473–493.

158 G.F. Schuppert, Vielfalt und Funktion von Resilienzstrategien. Ein Beitrag zur psychologischen Dimension von Vulnerabilitätserfahrungen, in: G.F. Schuppert/Martin Repohl (Hrsg.), Resilienz. Beiträge zu einem Schlüsselbegriff spätmoderner Gesellschaft, Baden-Baden 2023, S. 55–74.

Aber nun zu den beiden Kandidaten selbst:

Was zunächst den Krisenbegriff angeht, so ist sein inflationärer Gebrauch unübersehbar[159]. So heißt es bei Ansgar Nünning, dass man „mit Fug und Recht von einer Kriseninflation und einer Krisengesellschaft sprechen könne".[160] Deutschland schicke sich offenbar seit geraumer Zeit an, „zum inoffiziellen Tabellenführer der weltweiten Krisenliga zu avancieren. Nicht nur die deutschen Staatsfinanzen stecken in einer tiefen [...] Krise, sondern die Krisen machen auch vor dem einstigen Stolz der Nation nicht mehr Halt, denn selbst der deutsche Fußball steckt seit einigen Jahren in der Krise"[161].

Weiteren Belege für diesen Inflationsbefund bedarf es an dieser Stelle nicht.

Aber auch der Begriff der *Zeitenwende* schickt sich seit ihrer Ausrufung durch Bundeskanzler Olaf Scholz (dazu sogleich mehr) an, im Ranking populärer Begriffe einen Spitzenplatz einzunehmen. Alle politischen Stiftungen haben den Begriff sofort auf ihre Tagesordnung gesetzt und die Diagnosen einer Zeitenwende sowie die Rufe nach einer notwendigen Politikwende nehmen ständig zu. Dabei ist der Begriff der Zeitenwende keineswegs neu; ich verweise hier auf das reichhaltige Material, das in der „Augsburger Historischen Ringvorlesung" mit dem Titel „Zeitenwenden in der Geschichte" im Wintersemester 2022/23 ausgebreitet wurde. An dieser Stelle solle nur drei der sieben Vortragstitel genannt werden, auf die wir später noch zurückkommen wollen:

- Ein neues Zeitalter: Prüde, gewalttätig und fromm. Europa wird christlich (11. Jh.).
- „Terremoti di Stato": Die Revolutionen des 17. Jahrhunderts als Zeitenwenden?
- 24. Februar 2022: Über Gegenwart und Geschichte der „Zeitenwende".

159 In einem soeben erschienenen Aufsatz werden z.B. gleich drei Krisen identifiziert: „Die Krise der Repräsentation – Eine Krise der Gewaltenteilung"; „Die Krise der Gleichheit" und „Die Krise allgemeiner Ordnungsbegriffe", so Lino Munaretto, Das Recht der Singularitäten. Das Allgemeine und das Besondere im Rechtsdenken der Moderne, in: Archiv des öffentlichen Rechts (AöR), 148. Band, September 2023, S. 351–412.

160 Ansgar Nünning, Grundzüge einer Narratologie der Krise: Wie aus einer Situation ein Plot und eine Krise (konstruiert) werden, in: Henning Grunwald/Manfred Pfister (Hrsg.), Krisis! Krisenszenarien, Diagnosen und Diskursstrategien, München 2007, S. 48–71.

161 Ebenda, S. 53.

Angesichts der Vielzahl der herrschenden Begriffe – Krisen, Revolutionen, Wandel und Bedrohung politischer Ordnungen, Erdbeben von Staatlichkeit, Epochenwandel und Epochenschwellen – drängt es sich unseres Erachtens geradezu auf, eine gewisse Ordnung in die *Semantiken des Wandels* zu bringen, um vor diesem Hintergrund etwas informierter über den Begriff der Zeitenwende sprechen zu können.

II. Ein kurzer Blick auf die gängigsten Semantiken des sozialen Wandels

Dass alles sich wandelt und offenbar schneller denn je, dieser Befund ist das, was man eine klassische Binsenweisheit nennen darf. Auf der Suche nach einer nicht als Plattitüde daherkommenden Formulierung dieses Sachverhalts sind wir auf die folgenden, uns gut zu passen erscheinenden Sätze Wolfgang Hoffmann-Riems gestoßen:

> „Die Gegenwart ist durch erhebliche technologische, gesellschaftliche, wirtschaftliche, ökologische und andere Veränderungen geprägt, die allem Anschein nach in fast allen Bereichen erheblich schneller erfolgen als der Wandel in früheren Zeiten. Diese Veränderungen eröffnen neue, früher ungeahnte Chancen der Lebensgestaltung, sind aber auch mit Risiken verbunden. Auf die Wandlungsprozesse und -ergebnisse reagieren staatliche und gesellschaftliche Akteure nicht zuletzt mit Hilfe des Rechts."[162]

Nun könnte man in der Tat – mit einem Seitenblick auf das von Hartmut Rosa analysierte *Phänomen der Beschleunigung*[163] – versuchen, die Erscheinungsformen des sozialen Wandels nach ihrem *Veränderungstempo* zu ordnen – wofür sicherlich die rasante Entwicklung der Kommunikationstechnologien ein geeigneter Kandidat wäre. Hier soll hingegen nach der unterschiedlichen *Radikalität, Intensität und Nachhaltigkeit sozialen Wandels* gefragt und versucht werden, so eine *Skalierung* präsentieren zu können, die durch die *Eckpunkte* der *Pfadabhängigkeit* einerseits[164] und des

---

162 Wolfgang Hoffmann-Riem, Innovation und Recht. Recht und Innovation. Recht im Ensemble seiner Kontexte, Tübingen 2016, S. 14.

163 Hartmut Rosa, Beschleunigung. Die Veränderung der Zeitstrukturen in der Moderne, 9. Aufl. Frankfurt/M. 2012.

164 Siehe dazu Helmut Leipold, Zur Pfadabhängigkeit der institutionellen Entwicklung. Erklärungsansätze des Wandels von Ordnungen, in: Dieter Cassal (Hrsg.), Entste-

Epochenwandels[165] andererseits gekennzeichnet wäre. Wenn wir so vorgehen, so könnte man die folgende *Staffelung von Ereignissen*[166] vornehmen:

- Wenn wir recht sehen, dann spielen die *Phänomene der Zeitenwende und der Epochenschwelle* sozusagen in einer Liga, geht es doch in beiden Fällen um eine *Zäsur*, um einen Einschnitt von besonderer Qualität und Intensität, also – so František Graus für den Begriff der Epochenschwelle – um „Veränderungen, die als »grundlegend« empfunden werden und zwar nicht nur im Verhältnis zu vergangenen Zeiten, sondern auch im Hinblick auf den festgestellten oder postulierten weiteren (künftigen) Verlauf des Geschehens"[167]. Wenn wir noch einen Moment bei den Epochenschwellen bleiben – der Begriff der Zeitenwende wird erst im nächsten Gliederungspunkt genauer in Augenschein genommen – so ist auch hier – wie wir es schon aus der Beschäftigung mit dem Begriff der Krise gelernt haben – zwischen zwei Fragen zu unterscheiden: nämlich erstens der Frage, „ob es objektive Phänomene gibt, die es ermöglichen (bzw. erzwingen), von »Schwellen« zu sprechen, die die vermeintliche Epoche eingrenzen" und zweitens der Frage, „inwieweit die jeweiligen Zeitgenossen Änderungen, die sich in ihrer Zeit abspielten, als so grundlegend empfanden, dass ein Bewusstsein entstand, von da an in einer »anderen« (neuen) Epoche zu leben als vorangegangene Generationen."[168]
  Interessant für uns ist nun, welches Beispiel Graus für das ihn beschäftigende Epochenbewusstsein im Spätmittelalter als besonders prägend präsentiert; es ist die *Katastrophe der Pest*; liest man den diesbezüglichen Absatz, so hat man wirklich das Gefühl, eine Beschreibung der Corona-Pandemie zu lesen:

  > „Bloß einem Ereignis schrieben m. W. schon die unmittelbaren Zeitgenossen den Charakter einer wirklichen Wende zu: Dem ersten Auftauchen der Pest (1348–1350) in Europa. Nach langen

---

hung und Wettbewerb von Systemen, Berlin 1996, S. 93–115; Nina Ganglbauer u.a. (Hrsg.), Pfadabhängigkeit hoheitlicher Ordnungsmodelle, Baden-Baden 2016.

165 Siehe dazu die Beiträge in Reinhart Herzog/Reinhart Koselleck (Hrsg.), Epochenschwelle und Epochenbewusstsein, München 1987.

166 Vgl. dazu Thomas Rathemann, Ereignisse. Konstrukte. Geschichten, in: derselbe (Hrsg.), Ereignis. Konzeptionen eines Begriffes in Geschichte, Kunst und Literatur, Köln/Weimar/Wien 2003, S. 1–19.

167 František Graus, Epochenbewusstsein im Spätmittelalter und Probleme der Periodisierung, Fußnote 165, S. 153–165.

168 Ebenda, S. 154.

Jahrhunderten, die diese Seuche nicht kannten. Das Massensterben machte zunächst einen tiefen Eindruck, und als man vermeinte, das Sterben habe aufgehört, glaubte man, die Welt sei geradezu erneuert, eine neue Ära sei angebrochen (Jean de Venette: *mundus est quodammodo renovatus et saeculum ut, sic sit quadam nova aetas).* Aber schnell merkte man, daß man sich getäuscht hatte: die Menschen waren nun (zumindest nach Ansicht der Chronisten) noch schlechter als vor der Pest und vor allem: die Pest kehrte in immer neuen Wellen wieder, so daß man bald die einzelnen Wellen einfach zu zählen begann, sich gewöhnte, mit der Pest zu leben und weitgehend das Interesse an ihrem ersten Auftauchen verlor. Schon nach wenigen Jahrzehnten fand das erste Auftauchen der Pest nur mehr geringe Aufmerksamkeit, wurde von anderen zeitgenössischen Ereignissen verdrängt. Katastrophen machten zwar immer wieder auf die Zeitgenossen einen nachhaltigen Eindruck, oft vermeinte man in ihnen geradezu eine Zäsur zu sehen[169], auf die Dauer gesehen war aber ihre epochenbildende Kraft erstaunlich gering."[170]

Eine andere Epochenschwelle beschäftigt Reinhart Koselleck, nämlich die Frage, wann eigentlich die Neuzeit beginnt. In seinem diesbezüglichen Aufsatz[171] benennt er dafür das Achtzehnte Jahrhundert und präsentiert darüber hinaus Kriterien für die Markierung einer Epochenschwelle; diese sind

- erstens die allgemein obwaltende *Beschleunigung*
- zweitens die *offene Zukunft*, die planend anzugehen unsere Aufgabe bleibt, ohne die Geschichte voraussehen zu können
- drittens die den Erfahrungsraum auffüllende *Einmaligkeit*, und d.h. die jeweils *absolute Neuheit des Geschehens*
- viertens die *Gleichzeitigkeit des Ungleichzeitigen*
- fünftens die *zunehmende Vielfalt der historischen Perspektiven.*

Uns aber interessiert vor allem sein sechstes und letztes Kriterium, nämlich das Wissen und die Erfahrung *in einer Übergangszeit* zu leben:

169 Zu der neuen sog. Katastrophenforschung Arno Borst, Das Erdbeben von 1348. Ein historischer Beitrag zur Katastrophenforschung, in: Historische Zeitschrift 233 (1981), S. 529–569.

170 Ebenda, S. 159.

171 Reinhart Koselleck, Das Achtzehnte Jahrhundert als Beginn der Neuzeit, in: Epochenschwelle und Epochenbewusstsein, S. 267–282.

> „Es kennzeichnet das neue Epochenbewußtsein seit dem ausgehenden 18. Jahrhundert, daß die eigene Zeit nicht nur als Ende und zugleich als Anfang erfahren wurde, sondern als *Übergangszeit*. Es sind zwei schon in anderem Zusammenhang genannte, spezifisch zeitliche Bestimmungen, die die neue Übergangserfahrung kennzeichnen. Einmal die *erwartete Andersartigkeit der Zukunft* und zum anderen, damit verbunden, die bestürzende und überall sich durchsetzende *Erfahrung der Beschleunigung*, kraft derer sich die eigene von der vorangegangenen Zeit unterscheidet."[172]

Dieses *Bewusstsein des Übergangs* finden wir deshalb so wichtig, weil hier gewissermaßen der Boden für die Frage bereitet wird „Where to go from here?" Darauf wird bei der Darstellung des Konzepts des „re-ordering" zurückzukommen sein.

- Als nächstes Stichwort in einer Skala unterschiedlicher Radikalitätsstufen sozialen Wandels erwartet der Leser zu Recht das der *Revolution*. Revolution meint im politisch-sozialen Bereich „den Umsturz einer politischen Ordnung, der mit mehr oder weniger tief greifenden sozialen, ökonomischen und kulturellen Veränderungen einhergeht"[173]. Wem diese Definition etwas zu abstrakt ist, der sei auf eine kleine Anekdote verwiesen, die ich in dem Vortrag von Ulrich Niggemann über „Terremoti di Stato" im Rahmen der Augsburger Ringvorlesung „Zeitenwenden in der Geschichte" verdanke, die wie folgt geht und im Anschluss von ihm sogleich kommentiert wird:

> „Sie spielt in der Nacht vom 14. auf den 15. Juli 1789. François Alexandre Frédéric, Duc de La Rochefoucauld-Liancourt soll König Ludwig XVI. von Frankreich von dem ‚Sturm auf die Bastille' berichtet haben. Der König habe entsetzt ausgerufen, das sei ja ein Revolte. La Rochefoucauld-Liancourt hingegen habe geantwortet: »Non, Sire, c'est une révolution«. [...]
> Während Ludwig XVI. in dieser Erzählung den Sturm auf die Bastille als ein begrenztes Ereignis, einen Aufstand der Pariser Bevölkerung, wie es ihn immer mal wieder gegeben hatte, einordnet, sieht der Duc de la Rochefoucauld-Liancourt in den Ereignissen etwas Grundlegenderes, einen tiefen Einschnitt im geschichtlichen

172 Ebenda, S. 280.

173 Ursula Baumann, Revolution, in: Handbuch der Politischen Philosophie und Sozialphilosophie, S. 1121.

> Verlauf, eine *Wende hin zu etwas Neuem.* Der Begriff ‚Revolution' soll dies auf den Punkt bringen."[174]

Und in der Tat gilt die Französische Revolution als das Urbild einer politisch-sozialen Revolution; dies ist auch die Sichtweise Kosellecks[175], dessen Revolutionsverständnis für uns von Ulrich Niggemann dankenswerter Weise wie folgt zusammengefasst worden ist:

> „Für Koselleck wurde 1789 zum Fanal der Moderne, zum Aufbruch in eine neue Zeit, und dies schlug sich insbesondere im Revolutionsbegriff nieder. ‚Revolution' habe nun erst die Bedeutung angenommen, die wir heute damit verbinden, nämlich die eines fundamentalen Bruchs mit dem Alten, der Aufbruch in etwas Neues, in sozialer, politischer und verfassungsrechtlicher Hinsicht, oder um mit den Worten Kosellecks zu sprechen, auch in dem Auseinandertreten von ‚*Erfahrungsraum*' und ‚*Erwartungshorizont*'. Erst mit diesem gedanklichen Schritt, der in der Revolution vollzogen worden sei und der sich im Revolutionsbegriff niedergeschlagen habe, sei es möglich geworden, Zukunft als offenen Gestaltungsraum zu entdecken, der vom Menschen gefüllt werden könne."[176]

Auch darauf wird unter der Überschrift „re-ordering" zurückzukommen sein.

- Als drittes und letztes Stichwort sei hier der Begriff des *Strukturwandels* aufgerufen, geht es doch auch hier um grundlegende Veränderungen, die über einen Funktionswandel von einzelnen Institutionen oder Rechtsbegriffen hinausgehen[177]. Wenn ich recht sehe, lassen sich vor allem *drei Klassiker des Strukturwandels* identifizieren:
  - Wenn man im Internet den Begriff „Strukturwandel" aufruft, erscheint als erstes Angebot der wirtschaftliche Strukturwandel. Bei der Beschäftigung mit diesem Typ des Strukturwandels können – wie bei

174 Vortragsmanuskript, S. 16.

175 Reinhart Koselleck, Revolution, in : derselbe/Otto Brunner/Werner Conze (Hrsg.), Geschichtliche Grundbegriffe, Bd. 9, Stuttgart 1984, S. 788 ff.

176 Manuskript, S. 3.

177 Zum Verhältnis von Struktur-, Funktions- und Auffassungswandel siehe am Beispiel des Rechtsinstituts des Eigentums G.F. Schuppert, Wandel des Eigentums. Zu seiner Verortung im Dreieck von Struktur-, Funktions- und Auffassungswandel des Eigentums, in: Archiv des öffentlichen Rechts (AöR), 147. Band, 2022, S. 464–517.

Gerold Ambrosius nachzulesen ist[178] – positive und normative Analysen unterschieden werden. Positive Analyse zeichnen stattgefundene Phasen der Wirtschaftsstruktur nach wie die immer wieder bemühte Schwerpunktverlagerung vom primären (Land- und Forstwirtschaft, Fischerei) über den sekundären (Produzierendes Gewerbe) bis zum tertiären Sektor (Dienstleistungsbereich). Bei den normativen Ansätzen geht es um Strategien und Maßnahmen der aktiven Strukturpolitik, wie z.B. den kooperativen Anstrengungen, um den Niedergang des Steinkohlebergbaus und die Krise der Stahlindustrie abzufedern und neue Strukturen aufzubauen.

- Der zweite klassische Fall ist der sog. *Strukturwandel der Demokratie*, der von Gerhard Leibholz als Strukturwandel von der klassischen zur parteienstaatlichen Demokratie beschrieben worden ist:

  „Was insbesondere die Demokratisierung des Wahlrechts angeht, so ist sie die Folge der Tatsache, daß der repräsentative Parlamentarismus, der seine Entstehung dem Liberalismus, d.h. der auf Emanzipation des Bürgertums gerichteten Bewegung verdankt, durch die im Lauf der letzten hundert Jahre fortschreitende politische Emanzipation der nachdrängenden sozialen Unterschichten zutiefst erschüttert worden ist. Sie hat zu einer gewaltigen Machtsteigerung der politischen Parteien geführt. Denn diese sind es gewesen, die die Millionen von politisch mündig gewordenen Aktivbürgern erst organisiert und aktionsfähig gemacht haben [...]. Es ist daher kein Zufall, daß die moderne Demokratie in allen westlichen Staaten den Charakter einer *parteienstaatlichen Demokratie* angenommen hat, d.h. einer Demokratie, die auf den Parteien als den politischen Handlungseinheiten aufgebaut ist und in ihnen die unentbehrlichen Bestandteile des politischen Integrationsprozesses erblickt."[179]

- Der wohl am häufigsten diskutierte Fall ist der von Jürgen Habermas 1962 diagnostizierte „Strukturwandel der Öffentlichkeit"[180], ein Strukturwandel, dem sogar unlängst eine Art „Remake" zuteil geworden

178 Gerold Ambrosius, Wirtschaftsstruktur und Strukturwandel, in: derselbe/Dietmar Petzina/Werner Plumpe (Hrsg.), Moderne Wirtschaftsgeschichte, 2. Aufl. München 2006, S. 213–234.

179 Am 30. April 1952 in der Juristischen Studiengesellschaft Karlsruhe gehaltener Vortrag, Wiederabdruck in: G. Leibholz, Strukturprobleme der modernen Demokratie, 3. erweiterte Auflage 1967, S. 78 ff.

180 Jürgen Habermas, Strukturwandel der Öffentlichkeit. Untersuchungen zu einer Kategorie der bürgerlichen Gesellschaft, 1962, 17. Aufl. 2021.

ist, und zwar in Gestalt des von Seeliger und Serigmann herausgegebenen Sammelbandes mit dem Titel „Ein neuer Strukturwandel der Öffentlickeit?“[181]. In ihrem Einleitungsbeitrag[182] identifizieren sie nach Habermasschem Vorbild drei von ihnen als Strukturwandel bezeichnete Wandlungsprozesse, nämlich den Wandel des sozial-räumlichen Referenzrahmens – vulgo Globalisierung, den Wandel ökonomischer Rahmenbedingungen – vulgo Kommodifizierung sowie den Wandel der technischen Verbreitungsmedien – vulgo Digitalisierung.

Damit soll unser Streifzug durch die verschiedenen Varianten der Semantik zur Bezeichnung grundlegender Prozesse des sozialen Wandels auch schon abgeschlossen sein; nunmehr gilt es, einen näheren Blick auf das Phänomen der Zeitenwende zu werfen.

III. Was eine Zeitenwende wirklich ausmacht

Wenn wir noch einmal auf den kurzen Streifzug durch die Semantiken grundlegenden sozialen Wandels zurückblicken, so wird schnell deutlich, dass es mit allen drei kurz aufgerufenen Schlüsselbegriffen Überschneidungen gibt: Zeitenwenden haben häufig etwas Epochales – „The World turn'd upside down“[183] – sie haben nicht immer, aber nicht selten einen revolutionären Charakter und sie weisen in ihrem Gefolge in der Regel grundlegende Strukturveränderungen auf.

Wenn wir gleichwohl meinen, Spezifika des Phänomens Zeitenwenden benennen zu können, so stützen wir uns auf die folgenden Beobachtungen:

181 Leviathan Sonderband 37/2021.

182 S. 9–39.

183 So lautet die Überschrift einer Ballade, die 1646 erschien und gegen die Abschaffung des Weihnachtsfests durch strenggläubige Puritaner im Englischen Bürgerkrieg (1642–1649) protestierte; hier zitiert nach Ulrich Niggemann, Manuskript, S. 4.

1. Nicht der Schlachtenlärm ist entscheidend, sondern die Wahrnehmung neuer Horizonte[184] und neuer Deutungsschemata[185]

Was wir damit meinen, kommt in hervorragender Weise in der nachstehenden Passage aus der Feder von Christopher A. Bayly zum Ausdruck, in der er unter der Überschrift *„Zeitgenossen denken über die Weltkrise nach"* Folgendes notiert hat:

> „Für die Zeitgenossen zeigten sich die Auswirkungen der Revolutionen am deutlichsten im Bereich der Ideen. Sie verstanden schnell, dass die Dramen von 1776 und 1789 *ideologische Konsequenzen von weltweiter Bedeutung* hatten und nicht bloß lokale Aufstände waren. Hellsichtige Denker verkündeten, dass die Amerikanische Revolution der Vorbote »einer Neuen Ordnung der Zeitalter« für die gesamte Menschheit sei [...]. Französische jakobinische Radikale proklamierten später die epochale Bedeutung der Französischen Revolution, als sie versuchten, sie auf ganz Europa und darüber hinaus auszubreiten. Schwarze Sklaven in der Karibik übernahmen die *Idee der Revolution*, um für ihre Emanzipation zu kämpfen. Die Verkündung des Grundsatzes »keine Besteuerung ohne Repräsentation« und der »Menschenrechte« hatten eine außerordentliche Wirkung. Nach mindestens hundert Jahren philosophischer Diskussion wirkt der Inhalt dieser »Rechte« sicher nicht mehr schockierend. Bemerkenswert war jedoch, dass diese Recht für »selbstverständlich« und unabhängig gehalten wurden: Kein König, keine göttliche Autorität und keine Reichsinteressen, keine rassische oder religiöse Obrigkeit konnten sie aufheben."[186]

Es ist auch keineswegs so, dass es für die Zuerkennung des Prädikats „Zeitenwende" erforderlich war und ist, dass siegreiche Schlachten geschlagen oder zumindest so etwas wie die „Bastille" erstürmt worden sind. So hat Christopher Clark in seinem neuesten Buch über die „bürgerlichen"

184 Vgl. dazu Albrecht Koschorke, Die Geschichte des Horizonts, Frankfurt/M. 1990.

185 Zu Begriff und Funktion von Deutungsschemata siehe Otto Gerhard Oexle, Deutungsschemata der sozialen Wirklichkeit im frühen und hohen Mittelalter. Ein Beitrag zur Geschichte des Wissens, in: František Graus (Hrsg.), Mentalitäten im Mittelalter, Sigmaringen 1987, S. 65–117.

186 Christopher A. Bayly, Die Geburt der modernen Welt. Eine Globalgeschichte 1780–1914, Frankfurt/New York 2008 (Studienausgabe), S. 110/111.

Revolutionen von 1848[187], die vielen Historikern als gescheitert gelten, vollkommen zu Recht Folgendes zu bedenken gegeben:

> „[...] sind die Revolutionen von 1848 in Wirklichkeit *nicht* gescheitert: In vielen Ländern bewirkten sie einen zügigen und dauerhaften konstitutionellen Wandel; und das Europa nach 1848 war und wurde *ein völlig anderer Ort.* Man sollte sich diesen kontinentalen Aufstand eher als *Teilchenbeschleuniger* im Zentrum des europäischen 19. Jahrhunderts vorstellen. Menschen, Gruppierungen und Ideen flogen hinein, prallten aufeinander, verschmolzen oder zersplitterten und traten in Formen neuer Einheiten hervor, deren Spuren sich durch die kommenden Jahrzehnte ziehen. *Politische Bewegungen und Ideen*, vom Sozialismus und demokratischen Radikalismus bis hin zum Liberalismus, Nationalismus, Korporatismus und Konservatismus, wurden in dieser Kammer getestet; und sie wurden allesamt verändert, mit tiefgreifenden Konsequenzen für die neuere Geschichte Europas."[188]

Bevor wir Christopher Clark weiterhin das Wort geben, nehmen wir diese erste Beobachtung zum Anlass, eine hilfreiche Differenzierung des Zeitenwende-Begriffs einzuführen.

2. **Eine hilfreiche Differenzierung des Zeitenwende-Begriffs**

In seinem lesenswerten Vortrag mit dem Titel „Ein neues Zeitalter: Prüde, gewalttätig und fromm. Europa wird christlich (11. Jh.)"[189] hat Martin Kaufhold vorgeschlagen, zwischen den Begriffen „Zeitenwende", „Zeitgeist" und „neue historische Erscheinung" wie folgt zu differenzieren:

> „Unter *Zeitenwende* wollen wir eine historische Phase verstehen, in der die bewährten Handlungsmuster bei zentralen Fragen der Gesellschaft zunehmend an Wirksamkeit verlieren. Sie werden weiter praktiziert, sie verlieren aber an Gestaltungskraft. Verschiedene Alternativen werden erkennbar, ohne dass schon klar wäre, welche neue Praxis sich durchsetzen wird.

187 Christopher Clark, Frühling der Revolution. Europa 1848/49 und der Kampf für eine neue Welt, München 2023.

188 Ebenda, S. 13.

189 Vortrag im Rahmen der „Augsburger Historischen Ringvorlesung" zum Thema „Zeitenwenden in der Geschichte" am 9. November 2022, Manuskriptfassung.

> Unter *Zeitgeist* wollen wir ein Weltverständnis und eine Haltung verstehen, die in Konkurrenz und im Zusammenwirken mit anderen Strömungen in der Lage ist, die soziale Realität einer Gesellschaft erkennbar zu prägen, ohne dass diese Prägung andere Realitäten ausschließen muss. Konkurrierende Weltverständnisse sind vielmehr zu erwarten.
> Unter einer *historisch neuen Erscheinung* wollen wir in diesem Fall ein Phänomen verstehen, das als geistige Strömung und soziale Praxis eine neue Trägerschicht erreicht. Eine Haltung, die zuvor im aristokratischen Milieu zuhause war und die nun niederen Adel, freie Bauern, Handwerker und Stadtbewohner erfasst, wäre damit ein Anzeichen einer *neuen Zeit*, und sie wäre damit Ausdruck einer *Zeitenwende*."[190]

Wir finden diese Differenzierung insofern hilfreich, als sie – zusätzlich zum Zäsurcharakter der Zeitenwende – zwei bedenkenswerte Gesichtspunkte hinzufügt, nämlich die „Begleitmusik" des *Zeitgeists* und den zentralen Aspekt der *Trägerschaft* einer sozialen Kraft, welche dem Zeitgeist, den neuen Ideen und den neuen Deutungsschemata zum Durchbruch verhilft. Die Frage nach der Wirkmächtigkeit des jeweiligen Zeitgeists zwingt uns zu der Überlegung, wer diesen Zeitgeist entstehen lässt und artikuliert, wo also – um einen Begriff von Udo Di Fabio zu verwenden – die maßgeblichen *„kommunikativen Prägeräume"*[191] zu verorten sind, im Bereich der Amtsmacht oder im Bereich der innovativen intellektuellen Stichwortgeber. Damit sind wir schon unversehens bei der *Trägerschaft* einer neuen sozialen Bewegung, einer Revolution oder eben einer Zeitenwende angelangt.

Mit einer etwas ungewohnten Trägerschaft wartet Kaufhold selbst auf, nämlich mit den sich artikulierenden „Frommen", die sich mit ihrer rigiden Moral gegen das sittenlose Establishment der Kirche auflehnen. Andere historische Beispiele sind die Aufklärung als eines Projekts intellektueller Eliten oder die „bürgerlichen" Revolutionen von 1848/49, wie sie gerade von Christopher Clark analysiert worden sind.

---

190 Ebenda, S. 3/4.

191 Udo Di Fabio, Herrschaft und Gesellschaft, Tübingen 2018, S. 113 ff.

3. Zeitenwende – Wahrnehmungen wollen kommuniziert werden: zur zentralen Rolle von Krisen-, Bedrohungs- und Wendezeitnarrativen

Als Startschuss können uns auch hier wieder einige Bemerkungen von Christopher Clark dienen: „Europäer haben, wie alle Menschen, *das Bedürfnis sich mitzuteilen*, und dieses Bedürfnis hat sich in keiner Revolution so stark wie 1848 geäußert [...]. Informationen kursierten – ganz ähnlich wie heute – in einem Nebel aus Gerüchten und Falschmeldungen, und die Angst ließ die Bevölkerung auf bestimmte Stimmen und Ideen hören, während sie ihre Ohren für andere verschloss."[192]

Daran möchten wir gerne anknüpfen, weil nicht zuletzt die Beschäftigung mit den Krisen-, Bedrohungs- und Zeitenwende-Erfahrungen bei mir die Überzeugung verstärkt hat, dass es sich beim Menschen um eine *kommunikationsbedürftige Spezies* handelt. Wie wir an anderer Stelle näher dargelegt haben[193], handelt es sich beim orientierungsbedürftigen Menschen à la Arnold Gehlen, dem anerkennungsbedürftigen Menschen à la Axel Honneth, dem resonanzbedürftigen Menschen à la Hartmut Rosa und – schließlich – dem gemeinschaftsbedürftigen Menschen à la Charles Taylor allesamt um *kommunikationsbedürftige Menschen*, denn Anerkennungsverhältnisse, Resonanzverhältnisse und Gemeinschaftsverhältnisse funktionieren nur durch *kommunikativen Austausch*. Kommunikativer Austausch aber wiederum funktioniert am besten, wenn die Zeitgenossen – seien es einer Krise, einer bedrohten Ordnung oder einer Zeitenwende – einander *Geschichten erzählen*, um die komplexe Wirklichkeit sinnstiftend zu ordnen und für sich verarbeitbar zu machen.

Dies wird dem Menschen dadurch wesentlich erleichtert, dass sein Gehirn – wie Fritz Breithaupt in einem kürzlich erschienenen, Neuro- und Literaturwissenschaft verbindenden Buch dargelegt hat[194] – eine *narrative Struktur* aufweist. Deswegen macht es auch Sinn, vom Menschen als *„Storytelling Animals"* zu sprechen und den uns allen vertrauten *„homo oeconomicus"* durch den *„homo narrans"* zu ersetzen, wie dies Samira El Quassil und Friedemann Karig in ihrem Buch über das Thema „Wie Geschichten un-

192 Clark, ebenda, S. 25.

193 Über Menschenbilder. Wie sie unser Denken und Handeln bestimmen, Baden-Baden, Dezember 2023.

194 Frith Breithaupt, Das narrative Gehirn. Was unsere Neuronen erzählen, Berlin 2022.

ser Leben bestimmen“[195] vorgeschlagen haben; ihren Vorschlag erläuternd heißt es bei ihnen wie folgt:

> „Jedes Wachstum ist ein Versuch, Ordnung in ein chaotisches Universum zu bringen. Geschichten sind eine Manifestation dieses Prozesses. Wenn wir Informationen erhalten, baut unser Gehirn automatisch Geschichten, um den empfangenen Inhalten einen Sinn zu geben. Dass und wie wir sie erzählen, ist selten einer individuell bewussten Wahl und auch nicht einer kollektiven kreativen Erfindungsgabe geschuldet. Wir reproduzieren in ihnen nur eine grundsätzlich durch neuronale Strukturen ermöglichte Weltsicht. Wir entdecken überall Geschichten, weil wir überall welche finden *wollen* beziehungsweise finden *müssen*, selbst wenn es sich um abstrakte Formen handelt. Unser Gehirn sucht nicht nur nach Geschichten – es ist regelrecht süchtig nach ihnen“.[196]

Wir werden darauf in dem abschließenden Abschnitt über „Resilienz“ noch einmal zurückkommen.

IV. Bereichsspezifische Zeitenwenden: vier Beispiele

Schon ein flüchtiger Blick auf die bundesrepublikanische Diskurslandschaft zeigt, dass wir es nicht mit einer, sondern mit *mehreren Zeitenwenden* zu tun haben. Die verschiedenen „Fälle“ werden in unterschiedlichen *Kommunikationsarenen*[197] verhandelt, mit unterschiedlichen Akteuren und unterschiedlichen Experten; was die Experten angeht, so ist die zugleich als Eingangsfall zu präsentierende sicherheitspolitische Zeitenwende dafür ein instruktives Beispiel: in der medialen Präsenz haben im Ruhestand befindliche Generäle den Virologen längst den Rang abgelaufen[198]. Sicherheitspolitische Expertise ist gefragt wie nie, wovon die bei der Stiftung Wissenschaft und Politik tätige Politikwissenschaftlerin Claudia Major sowie Carlo Marsala von der Universität der Bundeswehr München Zeugnis

---

195 Samira El Quassil/Friedemann Karig, Erzählende Affen. Mythen, Lügen, Utopien. Wie Geschichten unser Leben bestimmen, Berlin 2021.

196 Ebenda, S. 90.

197 Zu Begriff und Funktion von Kommunikationsarenen siehe G.F. Schuppert, Herrschaft durch und als Kommunikation, in: derselbe, Über Herrschaft, Tübingen 2023, S. 199 ff.

198 So zutreffend Ewald Frie/Mischa Meier, Einleitung, in: dieselben/Dennis Schmidt (Hrsg.), Bedroht sein, Tübingen 2023, S. 6.

ablegen, wobei der Letztere soeben das Buch „Bedingt abwehrbereit – Deutschland Schwäche in der Zeitenwende“[199] vorgelegt hat. Aber nun zu unserem ersten Fall.

1. Die sicherheitspolitische Zeitenwende

Als Ausrufer der sicherheitspolitischen Zeitenwende fungierte Bundeskanzler Olaf Scholz in seiner Regierungserklärung in der Sondersitzung zum Krieg gegen die Ukraine vor dem Deutschen Bundestag am 27. Februar 2022 in Berlin, also drei Tage nach dem militärischen Überfall auf die Ukraine am 24. Februar 2022; in der folgenden nachstehenden Passage geht es uns darum, die diesbezügliche *Zeitenwende-Rhetorik* des Bundeskanzlers im Originalton auf uns wirken zu lassen:[200]

> „Der 24. Februar 2022 markiert eine Zeitenwende in der Geschichte unseres Kontinents. Mit dem Überfall auf die Ukraine hat der russische Präsident Putin kaltblütig einen Angriffskrieg vom Zaun gebrochen – aus einem einzigen Grund: Die Freiheit der Ukrainerinnen und Ukrainer stellt sein eigenes Unterdrückungsregime infrage. Das ist menschenverachtend. Das ist völkerrechtswidrig. Das ist durch nichts und niemanden zu rechtfertigen. Die schrecklichen Bilder aus Kiew, Charkiw, Odessa und Mariupol zeigen die ganze Skrupellosigkeit Putins. Die himmelschreiende Ungerechtigkeit, der Schmerz der Ukrainerinnen und Ukrainer, sie gehen uns allen sehr nahe.
> Ich weiß genau, welche Fragen sich die Bürgerinnen und Bürger in diesen Tagen abends am Küchentisch stellen, welche Sorgen sie umtreiben angesichts der furchtbaren Nachrichten aus dem Krieg. Viele von uns haben noch die Erzählungen unserer Eltern oder Großeltern im Ohr vom Krieg, und für die Jüngeren ist es kaum fassbar: Krieg in Europa. Viele von ihnen verleihen ihrem Entsetzen Ausdruck – überall im Land, auch hier in Berlin.
> Wir erleben eine Zeitenwende. Und das bedeutet: *Die Welt danach ist nicht mehr dieselbe wie die Welt davor.* Im Kern geht es um die Frage, ob Macht das Recht brechen darf, ob wir es Putin gestatten, die Uhren zurückzudrehen in die Zeit der Großmächte des 19. Jahrhunderts, oder ob wir die Kraft aufbringen, Kriegstreibern wie Putin Grenzen zu setzen.

199 München 2023.
200 Die kursiven Hervorhebungen sind von mir (G.F.S.).

Das setzt eigene Stärke voraus.
[...]
Mit dem Überfall auf die Ukraine will Putin nicht nur ein unabhängiges Land von der Weltkarte tilgen. Er zertrümmert die europäische Sicherheitsordnung, wie sie seit der Schlussakte von Helsinki fast ein halbes Jahrhundert Bestand hatte. Er stellt sich auch ins Abseits der gesamten internationalen Staatengemeinschaft.
[...]
Am Donnerstag hat Präsident Putin mit seinem Überfall auf die Ukraine *eine neue Realität geschaffen*. Diese neue Realität erfordert eine klare Antwort. Wir haben sie gegeben: Wie Sie wissen, haben wir gestern entschieden, dass Deutschland der Ukraine Waffen zur Verteidigung des Landes liefern wird.Auf Putins Aggression konnte es keine andere Antwort geben.
[...]
Die Zeitenwende trifft nicht nur unser Land; sie trifft ganz Europa. Und auch darin *stecken Herausforderung und Chance* zugleich. Die Herausforderung besteht darin, die Souveränität der Europäischen Union nachhaltig und dauerhaft zu stärken. Die Chance liegt darin, dass wir die Geschlossenheit wahren, die wir in den letzten Tagen unter Beweis gestellt haben, Stichwort „Sanktionspaket". Für Deutschland und für alle anderen Mitgliedsländer der EU heißt das, nicht bloß zu fragen, was man für das eigene Land in Brüssel herausholen kann, sondern zu fragen: Was ist die beste Entscheidung für die Union?"

Zwei Dinge erscheinen mir zu dieser vom Bundeskanzler Scholz beschriebenen sicherheitspolitischen Zeitenwende[201] ergänzend von Bedeutung zu sein:

Denn das Gefühl der mit der russischen Aggression verbundenen Zeitenwende – „Wir sind" – so die Außenministerin Annalena Baerbock – „heute in einer anderen Welt aufgewacht" – erforderte nicht nur ein Umdenken im sicherheitspolitischen Bereich, sondern bedeutete zugleich den *Zusammenbruch der bisher* von der Bundesrepublik *praktizierten*, bis auf Willi Brandt und Egon Bahr zurückgehenden *Entspannungspolitik* in Gestalt eines „Wandels durch Annäherung". Diese vielleicht auch etwas we-

201 Um Sicherheitspolitik als Bestandteil Internationaler Beziehungen ging es auch in dem schon zitierten Buch von Werner Schirmer, Bedrohungskommunikation. Eine gesellschaftstheoretische Studie zu Sicherheit und Unsicherheit, Wiesbaden 2008.

niger großformatige *außenpolitische Wende* war das Thema des Historikers Dietmar Süß, der in seiner Vorlesung „24. Februar 2022. Über Gegenwart und Geschichte der Zeitenwende“[202], dazu resümierend Folgendes anmerkte:

> „Der Versuch des Dialogs mit Russland gehörte *zur außenpolitischen DNA auch der neuen Berliner Republik*, die diesen Kurs mit erheblicher Energie und finanziellen Mitteln forcierte und immer wieder bei den westeuropäischen und amerikanischen Partnern für Verständnis gegenüber russischen Sicherheitsinteressen warb, insbesondere bei den Plänen für die NATO-Osterweiterung. Ökonomische Motive spielten dabei keine Rolle, angesichts der veränderten Lage Deutschlands in Europa aber sicher auch strategische; dazu ein *gewandeltes historisches Bewusstsein*, in dem die *alten antikommunistischen Reflexe* mit einem geschärften vergangenheitspolitischen Blick auf die deutschen Massenverbrechen konkurrierten. Die Ukraine als eigenständige Nation erschien da insgesamt eher eine drittrangige Frage zu sein, die die ohnehin fragile Situation Ostmitteleuropas noch zusätzlich belastete.“[203]

Aber noch ein zweiter Gesichtspunkt scheint mir wichtig zu sein. Zu Recht bezeichnete Scholz in seiner Regierungserklärung die von ihm beschriebene Zeitenwende *nicht nur als Herausforderung, sondern auch als Chance*, vor allem im Hinblick auf eine in ihrer Reaktion geeinte Europäische Union. Denn es geht – wie gleich noch näher auszuführen sein wird – bei einer Zeitenwende als Zäsur immer auch um die Frage, wie es nach dieser Zäsur weitergehen soll: soll der Zukunft in resignativer Ergebenheit begegnet werden, soll die Wende mit der Rückkehr zur administrativen Normalität als beendet gelten oder geht es um das, was wir zum Abschluss unseres Beitrages unter dem Stichwort des „re-ordering“ behandeln wollen.

Im Folgenden sollen noch drei weitere Wenden angesprochen werden, aber aus Platzgründen nur in stichwortartiger Form.

---

202 Vortrag vom 8. Februar 2023 im Rahmen der Augsburger Ringvorlesung „Zeitenwenden in der Geschichte“.

203 Ebenda, Manuskript S. 11.

2. Die sog. Energiewende

Wer sich über den gesellschaftlichen und ökonomischen Kontext informieren will, der kann auf den beeindruckend umfang-, material- und kenntnisreichen diesbezüglichen WIKIPEDIA-Artikel verwiesen werden[204], in dem es zu dieser „zentralen Herausforderung des 21. Jahrhunderts"[205] erläuternd wie folgt heißt:

> „Energiewende ist der deutschsprachige Begriff für den Übergang von einer nicht-nachhaltigen Nutzung fossiler Energieträger und der Kernenergie zu einer nachhaltigen Energieversorgung mittels erneuerbarer Energien. Der Begriff wurde nach dem 1980 erschienenen Buch Energiewende – Wachstum und Wohlstand ohne Erdöl und Uran des Öko-Instituts kulturell rezipiert und teilweise als Lehnwort in andere Sprachen übernommen (beispielsweise „The German Energiewende" oder „A Energiewende alemã").
> Ziel der Energiewende ist, die von der konventionellen Energiewirtschaft verursachten ökologischen, gesellschaftlichen und gesundheitlichen Probleme zu minimieren und die dabei anfallenden, bisher im Energiemarkt kaum eingepreisten, externen Kosten vollständig zu internalisieren. Angesichts der maßgeblich vom Menschen verursachten Globalen Erwärmung ist heutzutage besonders die Dekarbonisierung der Energiewirtschaft durch Beendigung der Nutzung von fossilen Energieträgern wie Erdöl, Kohle und Erdgas von Bedeutung. Ebenso stellen die Endlichkeit fossiler Energieträger sowie die Gefahren der Kernenergie wichtige Gründe für die Energiewende dar. Die Lösung des globalen Energieproblems gilt als zentrale Herausforderung des 21. Jahrhunderts."[206]

Da es zur Entstehung eines *Bewusstseins für die Notwendigkeit eines Wandels von der Qualität einer Zeitenwende* immer bestimmter „triggering forces" bedarf (dazu sogleich mehr), sei hier zunächst auf das Schockerlebnis der sog. ersten Ölkrise von 1973 erinnert, auf den – wenn der Verfasser

---

204 Abgerufen am 10. Oktober 2023.

205 Philippe Poizot/Franck Dolhem, Clean energy new deal for a sustainable word: from non-CO2 generating energy sources to greener electrochemical storage devices, in: Energy and Environmental Science, Bd. 4, 2011, 2003–2019, S. 2003, doi: 10.1039/c0ee00731e sowie Nicola Armaroli/Vincenzo Balzani, The Future of Energy Supply: Challenges and Opportunities, in: Angewandte Chemie International Edition, Bd. 46, 2007, S. 52–66, S. 52, doi: 10.1002/anie.200602373.

206 Ebenda, S. 1.

dieses Beitrages sich recht erinnert – mit der Einführung von autofreien Sonntagen reagiert wurde; zu den Motiven für diesen seit daher einsetzenden Transformationsprozess soll noch einmal hier die Zusammenfassung von WIKIPEDIA zitiert werden:

> „Hintergrund und Motivation der Energiewende sind die immer stärker zu Tage tretenden ökologischen und sozialen Probleme, die mit der Nutzung fossiler und nuklearer Energieträger einhergehen. Mit dem Energiekonsum durch Industrie und Endverbraucher sind eine Reihe von negativen Begleiteffekten verbunden, deren Folgen seit den 1970er Jahren immer stärker ins gesellschaftliche und politische Bewusstsein rückten. Hierzu zählen u. a. der Ausstoß des Treibhausgases Kohlenstoffdioxid, die Verschmutzung von Luft, Land und Wasser, die Produktion radioaktiven Abfalls, geopolitische Konflikte um Ressourcen, die Verknappung von Energieträgern und steigende Nahrungsmittelpreise. Weitere wichtige Gründe für den Umstieg auf einer regenerative Energieversorgung sind die Sicherstellung der (langfristigen) Energiesicherheit, die Gesundheitsgefahren durch die Verbrennung fossiler Energieträger sowie sozioökonomische Aspekte wie z. B. die Demokratisierung der Energieversorgung, der Ausbau der Bürgerbeteiligung sowie die Schaffung von Arbeitsplätzen."

3. Die Wende in der Asylpolitik

Die Diskussion darüber, ob es eine Wende in der Asylpolitik geben und vor allem darüber, wie radikal sie ausfallen müsste, war zum Zeitpunkt dieser Zeilen (27.10.2023) in vollem Gange. Der Zeitung konnte ich entnehmen, dass gestern, also am 26.10.2023 im Kabinett ein Gesetzespaket beschlossen wurde, das die Abschiebung von Personen ohne Aufenthaltsgenehmigung erheblich erleichtern sollte. Angekündigt wurde ein weiteres Gesetz, das die Integration von in Deutschland lebenden Personen mit Aufenthaltsberechtigung und von Asylbewerbern in den Arbeitsmarkt befördern soll. Unklar war zu diesem Zeitpunkt, welche Maßnahme ergriffen werden sollten, um bereits die illegale Zuwanderung als solche effektiv zu begrenzen.

Es spricht – so meine jetzige Prognose – alles dafür, dass eine grundsätzliche Wende in der Asylpolitik zu erwarten ist. Allzu eindeutig waren die Stimmenverluste der Parteien der sog. Ampelkoalition bei den Landtagswahlen in Bayern und Hessen am 8. Oktober 2023 und allzu eindeutig war der Befund, dass das Thema einer unbegrenzten Zuwanderung dabei eine zentrale Rolle spielte. Dass sich auch die Bundesregierung des Entscheidungsdrucks in Sachen Migrationspolitik bewusst ist, scheint mir mit hinreichender Deutlichkeit aus den Einlassungen von Bundeskanzler Scholz in seinem Interview mit dem SPIEGEL vom 21.10.2023 hervorzugehen, das unter der Überschrift „Es kommen zu viele" überschrieben ist[207] und in dessen Verlauf der Bundeskanzler Folgendes ausgeführt hat:

> „SPIEGEL: Wer Beschränkungen unkontrollierter Zuwanderung fordert, wird im linken Spektrum schnell zum Unmenschen und Rassisten erklärt.
> Scholz: Das gibt es sicher. Die meisten sehen das aber nicht so. *Es geht jetzt darum, unsere Gesellschaft zusammenzuhalten.* Wer eine unbegrenzte Zuwanderung will, muss so ehrlich sein und sagen, dass wir dann unseren Sozialstaat, wie wir ihn heute haben, nicht aufrechterhalten könnten. Wir müssten Verhältnisse akzeptieren, wie sie in anderen Ländern der Welt existieren, mit problematischen Parallelstrukturen. Das kann sich niemand ernsthaft wünschen. Deshalb macht uns das nicht zu Unmenschen. *Denn wir tragen Verantwortung dafür, dass unser Gemeinwesen funktioniert.* Dazu gehört auch eine gewisse Härte. Man muss die Kraft haben, Menschen zu sagen, dass sie hier leider nicht bleiben können."[208]

Interessant ist nun, welche Art der Begründung der Bundeskanzler in seiner Antwort auf das Statement der Interviewer[209] gewählt hat; das zentrale Argument lautet, dass die Regierung die Verantwortung dafür trägt, dass „unser Gemeinwesen funktioniert". Die Grenze der Zuwanderung ergibt sich also aus der Berufung auf die zu gewährleistende *Funktionsfähigkeit des politischen Systems* und die *Funktionsfähigkeit des Sozialsystems* als einem zentralen „Untersystem" des Ganzen. Wir werden darauf bei der Frage, um wessen Resilienz es eigentlich geht – die der Bürger, der gesamten Gesellschaft oder systemrelevanter Institutionen – noch einmal zurückkommen.

207 DER SPIEGEL Nr. 42 vom 21.10.2023, S. 17–25.
208 Ebenda, S. 20.
209 Christoph Hickmann und Dirk Kurbjuweit.

4. Der „erinnerungspolitische Gezeitenwechsel“[210]

Mit diesem Begriff wird Bezug genommen auf die berühmte Rede von Bundespräsident Richard von Weizsäcker zum 40. Jahrestag des 8. Mai 1945, dem Tag der bedingungslosen Kapitulation der Deutschen Wehrmacht und damit des Untergangs des „Dritten Reichs“. Diese Rede, die nicht nur im Bundespräsidialamt nur als „DIE REDE“ firmierte, wurde nicht nur in Deutschland, sondern in der ganzen Welt als eine *Zäsur* in der *Erinnerungskultur*[211] Nachkriegsdeutschlands empfunden. Dies ist deshalb besonders bemerkenswert, weil die Aussagen dieser Rede – wie Norbert Frei in seinem brillanten Buch „Die Bundespräsidenten und die NS-Vergangenheit“[212] hervorhebt – nicht grundstürzend neu waren:

> „Was ihn (Weizsäcker im Verhältnis zu seinen Amtsvorgängern Carstens und Scheel, G.F.S.) heraushob und seiner Rede Gültigkeit verlieht, war die Haltung, in der er zu sprechen verstand. Denn wirklich Neues sagte Weizsäcker ja selbst nach eigenem Dafürhalten nicht, und er ging auch nicht über das Mitte der achtziger Jahre gesellschaftlich Diskutierte hinaus. Aber er konstatierte, dass »jeder Deutsche« miterleben konnte, »was jüdische Mitbürger erleiden mussten, von kalter Gleichgültigkeit über versteckte Intoleranz bis zum offenen Hass«, wenn er fragte, wer »arglos bleiben« konnte nach den »Bränden der Synagogen«, dann tat er dies mit der Macht und Sprachgewalt des Staatsoberhaupts, das im Namen der Deutschen Zeugnis ablegte: »Wer seine Ohren und Augen aufmachte, wer sich informieren wollte, dem konnte nicht entgehen, dass Deportationszüge rollten. Die Phantasie der Menschen mochte für Art und Ausmaß der Vernichtung nicht ausreichen. Aber in Wirklichkeit trat zu den Verbrechen selbst der Versuch allzu vieler, auch in meiner Generation, die wir jung und an der Planung und Ausführung der Ereignisse unbeteiligt waren, nicht zur Kenntnis zu nehmen, was geschah.«“[213]

---

210 Diese Formulierung findet sich in der Rezension des Buches von Norbert Frei über „Die Bundespräsidenten und die NS-Vergangenheit“ durch Volker Weiß, SZ Nr. 236 vom 13. Oktober 2023, S. 9.

211 Zur sog. Erinnerungskultur als Bestandteil der politischen Kultur eines Gemeinwesens und den Gefahren ihrer Instrumentalisierung siehe G.F. Schuppert, Politische Kultur als Erinnerungskultur, in: derselbe, Politische Kultur, Baden-Baden 2008, S. 589–618.

212 Norbert Frei, Im Namen der Deutschen. Die Bundespräsidenten und die NS-Vergangenheit, München 2023.

213 Ebenda, S. 275.

Um es auf eine ganz kurze Formel zu bringen: was Weizsäcker gelang, war, dem Tag des 8. Mai 1945 zu bescheinigen, dass er einerseits „für uns Deutsche *kein Tag zum Feiern*" war, andererseits aber „ein Tag der Befreiung [...] von dem menschenverachtenden System der nationalsozialistischen Gewaltherrschaft". Im Zusammenhang mit dem 8. Mai von „Befreiung" zu sprechen, bedeutete 1985 „gewiss keinen Tabubruch mehr"[214], wurde aber dennoch als eine erinnerungspolitische Wende empfunden: „Gunter Hofmann, damals Bonner Bürochef der *Zeit*, brachte die eigentümliche Wirkung der Rede später auf den Punkt: »Uns jungen Journalisten, die sich vielleicht ein paar mehr Verstöße gegen die herrschenden Denkmuster gewünscht hatten, wurde dennoch unmittelbar bewusst, dass nichts davon eine Selbstverständlichkeit war. Das war die Paradoxie: Neu waren die Einsichten nicht, und trotzdem zogen sie einen Schleier weg. Man atmete durch.«"[215]

Zu diesem überwältigenden Erfolg der Rede Weizsäckers, auf die er ca. 60.000 Zuschriften erhielt, heißt es bei Frei zusammenfassend wie folgt:

> „Aus der inzwischen nahezu verdoppelten zeitlichen Distanz zum Kriegsende 1945 lässt sich konstatieren, dass keiner anderen politischen Rede, die seitdem in Deutschland gehalten wurde – auch nicht in den geschichtsträchtigen Jahren 1989/90 – ein ähnliches Maß an Beachtung und internationaler Anerkennung zuteil geworden ist wie jener Weizsäckers am 8. Mai 1985. Und unübersehbar ist auch: Die Ansprache des sechsten Bundespräsidenten gehört in die Reihe jener *erinnerungspolitischen Großereignisse*, die 1979 mit der Serie »Holocaust« begonnen hatte und jene »Erinnerungskultur« begründen sollte, die das vereinte Deutschland bis in die Gegenwart prägt. Zum Ende von Weizsäckers Amtszeit 1994 war »die Rede« in einer Gesamtauflage von zwei Millionen Exemplaren verbreitet, darunter auch eine Ausgabe bei Siedler, in Leinen gebunden wie einst die Heuss-Texte bei Leins."[216]

Abschließen wollen wir diesen Gliederungspunkt mit einer weiteren Passage aus dem schönen Buch von Norbert Frei, in der er eingangs Bezug nimmt auf das gemeinsame Gedenken von Bundeskanzler Kohl und Staatspräsident François Mitterand am Soldatenfriedhof in Bitburg, auf dem auch zahlreiche Angehörige der Waffen-SS beerdigt worden waren:

---

214 Frei, ebenda, S. 271.
215 Ebenda, S. 280.
216 Ebenda, S. 280.

„Gewiss spielte bei alledem eine Rolle, dass der württembergische Edelmann, zumal nach dem Bitburg-Desaster, vielen Intellektuellen wie das Gegenbild zum Kanzler aus der Pfalz erschien, mochten sachpolitisch auch beide ganz ähnlich zu verorten sein: in der Mitte der Union, jedenfalls nicht an ihrem rechten Rand. Aber *die Aura, die sich seitdem um Weizsäcker legte*, hatte doch einen inhaltlichen Kern. Ein Mann wie der spätere Friedensnobelpreisträger Elie Wiesel, Chairman des U.S. Holocaust Memorial Council und eben noch einer der schärfsten Kritiker des Gedenkakts in Bitburg, telegraphierte aus Washington: »Your words spoken in parliament May 8 demonstrate the courage to face the past fort he sake of the future. Like you, I don't believe in collective guilt. In the Jewish tradition the sins of the fathers are not visited upon their sons. And yet we must remember in truth. In doing so we will attain genuine reconciliation between people, cultures, and religions.«"[217]

V. Was das Gefühl bewirkt, es müsse sich etwas grundlegend ändern: zum hilfreichen Konzept der „Triggerpunkte"

Wie erinnerlich, hatten wir weiter oben im Zusammenhang mit der Energiewende von *„triggering forces"* gesprochen und als eine solche „triggering force" das Erleben des sog. Ölpreisschocks ausgemacht, das den Deutschen vor Augen führte, wie abhängig ihr Vergnügen jederzeitiger Mobilität von der Ölzufuhr seitens der Golfstaaten war. Dies war gewissermaßen die Geburtsstunde des später immer stärker werdenden Rufs nach einer Energiewende.

In ihrem soeben erschienenen Buch „Triggerpunkte" gehen die Soziologen Steffen Mau, Thomas Lux und Linus Westheuser dieses Phänomen von bestimmte Entwicklungen anstoßenden bzw. vorantreibenden Faktoren systematisch an und haben ein beeindruckendes Modell vorgelegt, mit dem sich die beobachtbaren, immer affektiver geführten gesellschaftspolitischen Diskurse erklären lassen.[218] Wir finden dieses Konzept äußerst attraktiv, passt es doch bestens zu den bisher von uns präsentierten Überlegungen und Befunden.

217 Ebenda, S. 281.

218 Steffen Mau/Thomas Lux/Linus Westheuser, Triggerpunkte. Konsens und Konflikt in der Gegenwartsgesellschaft, Berlin 2023.

1. Zur Beschaffenheit von Triggerpunkten

Als Hinführung zum Begriff und zur Funktion von Triggerpunkten formulieren die Autoren einige Fragen, die „nerven“: „Reicht es langsam mit dem Tanz auf Eierschalen, um beim Thema Gender oder Rassismus ja nichts Falsches zu sagen? Ist es schon diskriminierend, Einwanderung und Kriminalität in einem Atemzug zu nennen? Treiben Debatten wie die um #MeToo heute Blüten, die nicht mehr nachvollziehbar sind?“[219]

Diese Fragen, deren Katalog man beliebig erweitern könnte, haben die gemeinsame Eigenschaft, die diesbezüglichen Debatten zu *emotionalisieren*:

> „Diesen zunächst scheinbar ganz disparaten Fragen ist eines gemeinsam: Sie spitzen Streitpunkte [...] auf eine Weise zu, die Menschen zu sehr vehementen, gegensätzlichen und oft auch stark *emotionalen Positionierungen* veranlasst. Während sich ein sehr großer Anteil der Bevölkerung darauf einigen kann, dass sexuelle Minderheiten in Frieden leben sollen, dass der Klimawandel besorgniserregend ist und dass der Staat für gerechten Ausgleich sorgen muss, gehen die Meinungen deutlich auseinander, *wenn es stärker »ans Eingemachte«* geht, etwa weil Konsequenzen für das eigene Leben sichtbar werden oder Figuren ins Feld geführt werden, die Empathie oder Angst hervorrufen. In unseren Gruppendiskussionen spürt man den Übergang vom Konsensualen ins Strittige daran, dass sich *das Klima plötzlich merklich erhitzt*.“[220]

Diese, das „Eingemachte“ berührenden Punkte – man denke an die dauernd steigenden Preise, insbesondere für Lebensmittel, das Heizungsgesetz oder die unkontrolliert erscheinende Zuwanderung – nennen unsere Referenzautoren *Triggerpunkte*:

> „Um genauer zu fassen, wie es dazu kommt, dass bestimmte Debatten mit großem *Erregungsüberschuss* geführt werden, bedienen wir uns eines heuristischen Konzepts, das wir *Triggerpunkte* nennen. Es zielt auf jene neuralgischen Stellen, an denen Meinungsverschiedenheiten hochschießen, an denen Konsens, Hinnahmebereitschaft und Indifferenz in deutlich artikulierten Dissens, ja sogar Gegnerschaft umschlagen. Physiotherapeuten verstehen unter Triggerpunkten verhärtete Stellen oder »verkrampfte Zonen« des Körpers. Im Zuge von Übertragung kann eine

219 Ebenda, S. 244.
220 Ebenda, S. 244.

Berührung solcher Punkte – ein »Triggern« – auch in ganz anderen Körperregionen Schmerz auslösen. Ohne die Analogie zu medizinischen Begriffen überdehnen zu wollen, verstehen wir Triggerpunkte als jene Orte innerhalb der Tiefenstruktur von moralischen Erwartungen und sozialen Dispositionen, auf deren Berührung Menschen besonders heftig und emotional reagieren."[221]

2. Zwei Triggerpunkte etwas genauer betrachtet

Steffen Mau u.a. haben vier Triggerpunkte identifiziert, die die – wie sie es formulieren – *„Gesellschaft der Empörten"* besonders aufregen. Einmal sind dies naheliegender Weise *Ungleichbehandlungen*: „Ein erster typischer Ausdruck jener Empörung, an der man erkennt, dass ein Triggerpunkt getroffen wurde, ist ein deutlich artikuliertes *Unrechtsbewusstsein.* »Das ist nicht fair!« – diese gängige Formel des Protests bezieht ihren Sinn aus einer spezifisch modernen Semantik der *Wertgleichheit* aller Menschen, aus der sich eine Erwartung der *Gleichbehandlung* ergibt."[222]

Den zweiten Triggerpunkt sehen Mau et al. in *Normalitätsverstößen*: „Ihr Signum ist die kopfschüttelnde Verurteilung jener, die aus der Reihe tanzen und *selbstverständliche Verhaltensregeln brechen*, ebenso wie die Faszination für und Angst vor jenen Figuren, die eine Transgression der gesellschaftlichen Norm verkörpern. [...] Die Gleichzeitigkeit von Faszination und Abwehr, Stimulation und Ekel ist typisch für Normalitätsverletzungen, an denen Grenzen verhandelt werden, die oft nicht nur moralisch, sondern auch libidinös aufgeladen sind. Grenz- und Kontaktzonen wie Umkleidekabinen, Gebüsche oder Fußgängerzonen ebenso wie Sozialfiguren an der Peripherie des gesellschaftlich Akzeptablen [...] bekommen eine ihr Ausmaß oder ihre tatsächliche Relevanz weit übersteigende Aufmerksamkeit und Bedeutung."[223]

Interessant ist an diesem zweiten Triggerpunkt der Normalitätsverstöße, dass – wie Mau et al. zu Recht hervorheben – „Normalität anhand *ihrer Bedrohung* konturiert wird"[224]; es handelt sich hier also bei Licht besehen um einen Fall der von uns im zweiten Abschnitt ausführlich behandelten *„Bedrohten Ordnungen"*.

---

221 Ebenda, S. 245/246.
222 Ebenda, S. 248.
223 Ebenda, S. 253, 256.
224 Ebenda, S. 255.

Aber nun zu den Triggerpunkten drei und vier, die uns besonders interessieren, weil sie die Gesellschaft der Empörten besonders intensiv zu tangieren scheinen. Beginnen wollen wir mit dem Triggerpunkt der *Entgrenzungsbefürchtungen*.

Ein instruktives Beispiel dafür, was mit Entgrenzungsbefürchtungen gemeint ist, ist nach den Erfahrungen von Mau et al. mit den Argumentationsmustern in den von ihnen gebildeten Diskursgruppen „die vermeintlich unscheinbare Forderung [...] nach separaten Schwimmzeiten für Transmenschen"[225] in kommunalen Badeanstalten. „Gegenstand der Entgrenzungsbefürchtung ist hier eine wahrgenommene *Inflation der Ansprüche*. Auf eine erfüllte Forderung der Außenseitergruppen folgt sofort die nächste, man gibt den kleinen Finger und verliert die ganze Hand."[226]

Die Funktionslogik dieser Argumentation liegt auf der Hand: „Was kommt dann als Nächstes?, wo kommen wir da hin?" Mau et al. bezeichnen dieses Argument zutreffend als *Dammbruchargument* mit dem die Befürchtung auf den Punkt gebracht wird, die Kontrolle über die Richtung der gesellschaftlichen Entwicklung zu verlieren.

Uns erinnert diese Argumentation an die *Struktur bestimmter Vorurteile*. Juliane Degener hat in ihrem faszinierenden Buch mit dem treffenden Titel „Vorurteile haben nur die anderen"[227] verschiedene Sorten von Vorurteilen ausgemacht; die wohl am meisten verbreitete Art von Vorurteilen, die sie als „moderne Vorurteile" bezeichnet, weisen genau dieselbe Struktur auf wie die Entgrenzungsbefürchtungen, die Mau, Lux und Westheuser im Auge haben: „Ich habe nichts gegen die, aber ..."[228]. Ein typischer Satz würde etwa lauten: „Ich habe nichts gegen Schwule, aber dass sie ihre Homosexualität auf offener Straße ausleben, das geht zu weit".

Jeder von uns mag sich zahlreiche Passanten in einer beliebigen Einkaufsstraße in einer beliebigen Stadt vorstellen, die genau nach diesem Muster argumentieren würden.

Der vierte Typ der Triggerpunkte bezieht sich auf *Verhaltenszumutungen*: „Der Skandal, den Triggerdynamiken der vierten Art ausflaggen, ist, dass andere einem vorschreiben, wie man zu leben hat. »Auf einmal muss man ...« und »Man darf nicht mehr ...« sind die Refrains der der-

225 Ebenda, S. 261.
226 Ebenda, S. 260.
227 Berlin 2022.
228 Näher dazu ebenda, S. 20 ff.

art getriggerten."[229] Diese Art der Argumentation mit einer *„gefühlten Bevormundung"* kommt einem wohlvertraut vor; so betitelte der bayrische Ministerpräsident Markus Söder im gerade erst zurückliegenden Landtagswahlkampf die Grünen lustvoll als *Verbotspartei*, die nichts anderes im Sinne habe, als die Bürger zu bevormunden oder sie gar umerziehen zu wollen, nämlich von Freunden des Leberkäses zu Vegetariern.

Mag man dies noch als wahlkampftypischen Populismus abtun, so ist ein weiteres Argumentationsmuster ungleich ernster zu nehmen, nämlich dass »man heutzutage nichts mehr sagen darf«. Mau et al. haben zu diesem Punkt die folgenden interessanten Daten erhoben:

> „»Heutzutage darf man nichts Kritisches mehr über Migranten oder Homosexuelle sagen, ohne gleich als intolerant beschimpft zu werden«, lautete dort ein Frage-item. Rund 70 Prozent der Einkommensschwächsten, der Produktionsarbeiter und der Befragten mit maximal Hauptschulabschluss stimmen dem zu, aber nur rund 50 Prozent der Einkommensstärksten und der soziokulturellen Expertinnen und nur 45 Prozent der Akademikerinnen. Es gibt beim Grad der *gefühlten Zumutung durch neue Sprachkonventionen* ein nicht zu ignorierendes Gefälle zwischen Oben und Unten."[230]

Und noch ein weiterer Befund scheint uns mitteilenswert zu sein, weil mit ihm eine Brücke zu den oben angesprochenen Vorurteilen geschlagen wird:

> „Trigger beziehen ihre politisierte Energie häufig aus dieser latenten Gleichzeitigkeit von Inhalt und Chiffre, gesundem Menschenverstand und politischer Positionierung, im Zuge derer auch eher kleinflächige Phänomene wie Duschkabinenordnungen, die Platzierung von Windkraftanlagen und Sozialbetrug als Pars pro Toto allgemeiner Wertkonflikte aufgegriffen werden. Hintergrund ist dabei oft eine Art *doppelter Boden des sozial Sagbaren* in Gesellschaften mit liberalen Codes. Der private Common Sense (mitsamt all seinen Vorurteilen) »weiß« mehr, als der auf Höflichkeit und polierte Kommunikation bedachte öffentliche Diskurs auszusprechen erlaubt."[231]

229 Mau et al., S. 265.
230 A.a.O., S. 271/272.
231 Ebenda, S. 274/275.

3. Vom Demokratie- und Populismusbarometer zum Gefühlsthermometer

Eine bei Politikwissenschaftlern beliebte Tätigkeit besteht darin, die *Qualität von Demokratie* zu messen.[232] Eines dieser Messinstrumente ist das von Daniel Bochsler und Wolfgang Merkel entwickelte *Demokratiebarometer*[233] in das Kriterien wie Rechtsstaatlichkeit, Transparenz, Partizipation, politischer Wettbewerb, Gewaltenkontrolle und die Fähigkeit, demokratische Entscheidungen umzusetzen, einfließen. Offenbar aus Freude am Barometer als Messmethode haben Robert Vehrkamp und Wolfgang Merkel auch ein *Populismusbarometer* entwickelt, mit dem populistische Einstellungen bei Wählern und Nichtwählern in Deutschland gemessen werden können.[234]

Da es jedoch bei Steffen Mau, Thomas Lux und Linus Westheuser um Kontexte und Formen *affektiver Polarisierung* geht, um *Gefühlslagen* also, bedurfte es eines anderen Messinstruments, das unsere Referenzautoren in dem von ihnen so genannten *Gefühlsthermometer* gefunden haben, mit dem sie gewissermaßen den *Hitzegrad* des jeweiligen Diskussionsfeldes messen können. Um eine gewisse Betriebstemperatur zu erzeugen, wurden den Umfrageteilnehmern *ausgewählte Sozialfiguren* präsentiert, die nicht als Realfiguren gemeint sind, sondern als „Chiffren gesellschaftspolitischer Positionierungen". Angesichts dieser Sozialfiguren sollten die Teilnehmer der Umfrage auf einem Gefühlsthermometer mit einer Skala von 0 bis 10 angeben, ob sie diese (eher) unsympathisch oder (eher) sympathisch finden. Zu den präsentierten Figuren gehörten z.B.:

- Langzeitarbeitslose und Konzernlobbyisten
- Migranten aus dem arabischen Raum und Migrationsgegner
- Person, die ihr biologisches Geschlecht geändert hat und überzeugte Feministin
- SUV-Fahrer und Fridays-for-Future Aktivisten sowie
- AfD- und Grünen-Anhänger.

---

232 Siehe dazu den Überblicksartikel „Demokratiemessung" bei WIKIPEDIA, abgerufen am 27.10.2023.

233 Marc Bühlmann/Wolfgang Merkel/Bernhard Weßels/Lisa Müller, The Quality of Democracy. Democracy Barometer for Established Democracies, Working Paper 10a, Zürich, 2008, National Centre of Competence in Research Democracy of the Swiss National Science Foundation.

234 Populismusbarometer 2018, Wissenschaftszentrum Berlin für Sozialforschung/Bertelsmann-Stiftung, Executive Summary, 2019.

Mit dem nachstehenden Resümmee unserer Referenzautoren soll unser Abschnitt über Zeitenwenden denn auch seinen Abschluss finden:

> „Auffällig an dieser Aufschlüsselung der gruppenbezogenen Emotionen ist, dass insbesondere solche Sozialfiguren polarisieren, die für progressive Positionen stehen: sei es, dass sie sich aktiv für eine Politik des Wandels einsetzen (so der »Fridays-for-Future-Aktivist« und der »Grünen-Anhänger«), sei es, weil sie den zentralen Bezugspunkt einer solchen Politik bilden (der »arabische Einwanderer« und die Transperson). Zudem schnellt das Gefühlsbarometer vor allem in jenen Arenen hoch, die durch *dynamischen Wandel* und das Fehlen etablierter Befriedungsformeln gekennzeichnet sind. In Phasen der Veränderung scheint das Neue besonders zu provozieren und zu polarisieren. Diejenigen, die den Wandel begrüßen, unterscheiden sich jedenfalls nicht nur hinsichtlich ihrer Einstellungen von den Bremsern, auch ihre Affekte gegenüber wichtigen Gruppen der Transformation sind deutlich. Umgekehrt geht es beim Ressentiment gegenüber Personifikationen des Wandels auch immer um die Ablehnung der durch sie repräsentierten Werte. Es sind nicht die Anderen ganz allgemein, die negative Gefühle mobilisieren, es sind die »moralisch Anderen«. Die erkennbar starken Reaktionen auf diese Sozialfiguren werden auch in der medialen Berichterstattung und von politischen Akteuren genutzt, um den *Diskurs zu emotionalisieren* und zu entsachlichen. Wenn etwa die Fridays-for-Future-Bewegung als »Sekte der Anti-Demokraten« bezeichnet wird, wenn Klimaaktivisten als »Terroristen« verschrien werden oder in Bezug auf Transpersonen von einer »Transsexuellen-Lobby« die Rede ist, werden laute Töne auf der *affektiven Klaviatur* angeschlagen, für die bestimmte ideologisch vorsozialisierte Bevölkerungsteile besonders empfänglich sind. Menschen und Diskurse werden auf diese Weise getriggert; die arenenspezifische Polarisierung und die Wahrscheinlichkeit einer weiteren Aufschaukelung des Konflikts wächst."[235]

235 Ebenda, S. 329/330.

E. Resilienz

Wir haben nicht die Absicht, das große Thema der Resilienz hier grundsätzlich aufzurollen und möglichst alle Aspekte dieses Schlüsselbegriffs spätmoderner Gesellschaften auszuleuchten, zumal wir uns zu diesem Thema wiederholt geäußert haben.[236] Vielmehr wollen wir uns auf drei Bereiche dieses weiten Feldes beschränken, und zwar auf solche, die in unseren hier präsentierten Überlegungen teilweise schon beschritten worden sind. Die erste Frage, die wir ansprechen wollen, ist die folgende:

I. Um wessen Resilienz geht es eigentlich?

Wenn ich recht sehe, kommen insoweit drei mögliche Antworten in Betracht:

- Einmal geht es um die *Resilienz von Betroffenen*, sei es von individuellen Gesellschaftsmitgliedern, sei es von Gruppen von Betroffenen wie z.B. – exemplarisch sei hier die Corona-Krise in Erinnerung gerufen – von Kindern, die nicht in die Schule gehen können oder von gestressten Müttern, die mit ihrer Rolle als Krisenmanagerin mehr als ausgelastet waren. Dies ist hier aber nicht unser Thema.
- Zweitens geht es um die Resilienz von *gestressten, erschöpften oder gereizten Gesellschaften,* die infolge der medialen Konfrontation mit den soeben ausführlich behandelten Triggerpunkten in eine gewisse *kollektive Gefühlslage* geraten, die sie anfällig macht für populistische Sirenengesänge und Verschwörungstheorien, die eine wichtige sozialpsychologische Funktion erfüllen.[237] Aber auch dies soll hier nicht vertieft werden.

---

236 Siehe meine Beiträge „Wie resilient ist unsere »Politische Kultur«, in: DER STAAT 60 (2021), S. 473–493 sowie „Vielfalt und Funktion von Resilienzstrategien. Ein Beitrag zur psychologischen Dimension von Vulnerabilitätserfahrungen", in: G.F. Schuppert/Martin Repohl (Hrsg.), Resilienz. Beiträge zu einem Schlüsselbegriff spätmoderner Gesellschaften, Baden-Baden 2023, S. 55–73.

237 Siehe dazu Laura Luise Hammel, Verschwörungsglaube, Populismus und Protest, in: Politikum Heft 3/2017, S. 36 ff; Michael Butter, „Nichts ist, wie es scheint". Über Verschwörungstheorien, 4. Aufl. Berlin 2020, S. 104 f.

- Drittens gibt es – und hier können wir anknüpfen an den Themenkomplex „Bedrohte Ordnungen“ – um die bisher allzu sehr vernachlässigte *Systemresilienz*.[238] Wie wir alle in der letzten Zeit erfahren mussten, beruht die Funktionsfähigkeit unserer politischen Ordnung ganz zentral auf der Resilienz von Teilsystemen, deren Funktionieren wir bisher für selbstverständlich gehalten haben: gemeint sind hier das Gesundheitssystem, das Sozialleistungssystem, die Gewährleistung funktionsfähiger Finanzmärkte (→Finanzmarktstabilisierungsgesetze), die Funktionsfähigkeit der Energieversorgung und letztlich – so der Bundeskanzler in dem oben zitierten Interview – die Funktionsfähigkeit unseres Gemeinwesens. Man spricht deshalb auch von *„kritischen Infrastrukturen“*, die daher auch von Russland im Krieg gegen die Ukraine gezielt angegriffen wurden. Wie wichtig funktionierende Teilsysteme und kritische Infrastrukturen sind, kann man auch daraus ersehen, dass als eines der aktuell dringendsten Probleme angesehen wird, wie leicht verwundbare Netze wie Gas- und Ölpipelines und Datenübertragungskabel besser geschützt werden können. Aber jetzt soll ein gänzlich anderes Thema aufgerufen werden.

II. Resilienz durch „Story Telling“

Es darf inzwischen als ausgemacht gelten, dass Verschwörungstheorien, die ja im Grunde nichts anders sind als *Verschwörungsgeschichten*[239], dabei behilflich sein können, mit Krisen- und Katastrophenerfahrungen besser umgehen zu können; dazu heißt es bei Laura Luise Hammelunter der Überschrift „Sozialpsychologische Funktionen von Verschwörungstheorien“ wie folgt:

> „Aus Sicht der Wissenschaft erfüllen Verschwörungstheorien in erster Linie die Funktion einer *kognitiven Dissonanzreduktion*[240], mit deren

238 Siehe dazu Stefanie Graefe, Resilienz im Krisenkapitalismus. Wider das Lob der Anpassungsfähigkeit, Bielefeld 2019; dieselbe, Systemrelevanzen? Zur Biopolitik der Resilienz in Coronazeiten, in: dieselbe/Karina Becker (Hrsg.), Mit Resilienz durch die Krise? Anmerkungen zu einem gefragten Konzept, München 2021, S. 111–139.

239 Siehe dazu Umberto Eco, Der Friedhof in Prag, 2. Aufl. München 2013.

240 Ute Caumanns/Mathias Niendorf, Raum und Zeit, Mensch und Methode: Überlegungen zum Phänomen der Verschwörungstheorie, in: Ute Caumanns (Hrsg.), Verschwörungstheorien. Anthropologische Konstanten und historische Varianten, Osnabrück 2001, S. 197–210.

> Hilfe die Komplexität eines Sachverhaltes, beispielsweise einer persönlich erfahrenen oder auch gesellschaftlichen Krise, drastisch reduziert werden kann, um diesen so besser verstehen und psychisch verarbeiten zu können. [...] Viele Wissenschaftler sind zudem der Meinung, Verschwörungstheorien dienten *der Kontingenzbewältigung*[241], indem sie Menschen dabei helfen würden, zufällige schicksalhafte Ereignisse wie Naturkatastrophen, Terroranschläge oder auch Unglücke wie Flugzeugabstürze zu verarbeiten, da sie eine Antwort darauf geben, warum diese stattgefunden haben und wer sie verursacht hat. Die Identifikation von Verursachern für *Krisensituationen* entlastet vom Gefühl der eigenen Ohnmacht angesichts dieser zufälligen, schicksalhaften Ereignisse. Indem solchen Katastrophen eine Ursache unterstellt wird, die auf planvollem menschlichem Handeln basiert, erhalten sie einen nachträglichen Sinn."[242]

So weit, so bekannt.

Die uns schon bekannte Autoren Samira El Quassil und Friedemann Karig vertreten darüber hinaus die interessante These, dass auch Geschichten über in der Vergangenheit überstandene Krisen und Katastrophen helfen können, mit gegenwärtigen Ereignissen dieser Art besser fertig zu werden, weil die Betroffenen gewissermaßen auf ein *erzähltes Archiv von Überlebensstrategien* zurückgreifen können:

> „Mit unseren Geschichten entstand ein Archiv des Überlebens, das durch Anekdoten veranschaulichte, wie das Überleben in einer gefährlichen Welt möglich war. Zivilisation ist dementsprechend über viele Generationen hinweg die Reproduktion von jenen Erzählungen und ihren Überlebensstrategien, die Erfolg hatten. Denn je besser die Geschichte, desto eher wurde sie weitererzählt. Je wichtiger die Geschichte, desto aufmerksamer wurde ihr zugehört. Geschichten waren prähistorischer *Social Content* – und je emotional aufreibender, desto mehr wurden sie *geshared* und *repostet*. Unser Überleben hing also auch davon ab, wie gut die Form war, in der wir diese lebensnotwendigen Informationen vermit-

241 Dieter Groh, Verschwörungstheorien revisited. in: Ute Caumanss (Hrsg.), Verschwörungstheorien, Osnabrück 2001, S. 187–196.

242 Laura Luise Hammel, Verschwörungsglaube, Populismus und Protest, in: Politikum Heft 3/2017, S. 36.

telten. Anders ausgedrückt: Der Stamm mit den besseren Geschichten hatte höhere Überlebenschancen."[243]

Und ergänzend fügen sie folgende, ebenso interessante Überlegungen hinzu:

> „Diese Kommunikation und die Weitergabe von Informationen ermöglichen das, was der polnisch-amerikanische Philosoph Alfred Korzybski vor hundert Jahren ›Zeitbindung‹ genannt hat.[244] Damit meinte er *eine Art anthropologisches Upgrade*, das der Menschheit erlaubte, Erkenntnisse zu einem Menschheitswissen anzuhäufen, indem jede Generation dieses Wissen an die nächste weitergab und dabei ihren Wissensstand beständig neu auswertete, um – über das Leben eines einzelnen Menschen hinaus – Fortschritte im Begreifen unserer Welt zu erzielen. Dabei erwiesen sich die spannenden Erzählungen als eine besonders eingängige, niedrigschwellige und damit effektive Art der Informationsvermittlung und – noch wichtiger – der Informationsverbreitung.
> Dabei sind Geschichten nicht nur praktische Anleitungen zum besseren Leben. Jede Geschichte erzählt grundsätzlich auch davon, dass man Probleme überhaupt lösen *kann* – und *wie* man das genau macht. Jede Geschichte lehrt uns das Dazulernen [...]. Jede Geschichte ist demonstrative, manifestierte Adaptation. Erst dank dieser *habitualisierten Problemlösungskompetenz* entwickelte sich der *Homo sapiens* zu einem emanzipierten Gestalter seiner Wirklichkeit und eines Daseins, das sich durch beständige Anpassungen verbesserte. All das erklärt, warum das Erzählen von Geschichten noch vor dem Feuer, dem Rad und der Waffe unser wichtigstes Werkzeug war [...]."[245]

Eine gänzlich andere *Resilienzstrategie* hat die Großmutter von Maike Schult praktiziert[246], indem sie die Erinnerungen an die von ihr erlebten Katastrophen gänzlich mit sich allein abmachte, weil sie für sie schlicht *nicht besprechbar und nicht erzählbar waren*; um diese Strategie besser nachvollziehen zu können, möchten wir den Leser zu einem gemeinsamen

---

243 Fußnote 195, S. 78.
244 In: Manhood of Humanity. The Science and Art of Human Engineering, 1921.
245 Ebenda, S. 78/79.
246 Maike Schult, „Unkraut vergeht nicht." Resilienz und posttraumatische Reifung, in: Cornelia Richter (Hrsg.), Ohnmacht und Angst aushalten. Kritik der Resilienz in Theologie und Philosophie, Stuttgart 2021, S. 183–196.

Besuch bei eben dieser Großmutter einladen, indem wir absichtsvoll die nachfolgende, etwas längere Passage ungekürzt präsentieren:

> „»Unkraut vergeht nicht!« So lautete die Antwort meiner Großmutter, wenn ich mich nach ihrem Befinden erkundigte. Dabei saß sie mir mit verschmitztem Gesicht in ihrem Sessel gegenüber, den schmalen Körper an die Kissen gelehnt und wie zum Beweis hoheitsvoll eine Zigarette zwischen den Fingern. Der Geruch der Zigaretten hing nach bald fünfzig Jahren in dieser Wohnung in jeder Ritze. Er war in die Möbel eingezogen und mit den Tapeten zu einer eigenartigen Schicht verschmolzen, und wohl weil sonst kein Winkel mehr frei war, in den er noch hätte kriechen können, säuselte er bei unseren Treffen zunächst etwas in die Höhe, sammelte sich einen Augenblick in der Luft und entschied sich schließlich für die Fensterbank, wo er sich nebelartig zwischen den Blumentöpfen verbreitete. So jedenfalls sehe ich es heut vor mir: die Reihe farbenprächtiger Azaleen, Begonien und Usambaraveilchen und mitten drin meine fröhlich schmökende Großmutter: *Unkraut vergeht nicht.*
> Ich habe in den 35 Jahren, die ich meine Großmutter erlebt habe, nie ein Wort der Klage von ihr gehört, kein Jammern und kein Selbstmitleid. Nie war sie krank, nie unpässlich. Ab und an rieb sie die steifen Finger aneinander. Zwischen den Kissen tat eine Wärmeflasche ihren Dienst, und wenn der gebeugte Rücken zu sehr *ziept*, wie sie sagte, *dann drehe ich eben meine Runden um den Tisch und fluche vornehm französisch.* Doch solche Runden drehte sie offenbar allein. Wie sie auch anderes mit sich allein abmachte, was ihr Leben geprägt hat: Krieg, Flucht und Vertreibung, Verlust der Heimat, des Bruders, der Tochter, Krankheit, Gewalt und Alkohol. Erfahrungen, die überlebbar, aber nicht besprechbar waren [...]“[247]

Jetzt aber wollen wir die rauchende Großmutter wieder verlassen und uns einem Punkt zuwenden, der uns besonders am Herzen liegt.

247 Ebenda, S. 183/184.

III. Nach der Katastrophe: aus Trümmern eine neue Welt flicken – Zum hilfreichen Konzept des „re-ordering“ –

Mit dieser Überschrift nehmen wir Bezug auf das Buch von Peter Graf Kielmannsegg über die Geschichte des geteilten Deutschland, dem er den Titel „Nach der Katastrophe“ gegeben hat[248], zum andern auf einen Artikel in der Süddeutschen Zeitung vom 12. Oktober 2023, in dem Ofer Waldmann, früher Hornist des West-Eastern Divan Orchestra, Folgendes konstatiert: „Die Realität, die wir in Israel kannten, ist vorbei. Doch wie lässt sich von der neuen Wirklichkeit sprechen und die Menschlichkeit bewahren?“[249]

Worum es im Folgenden gehen soll, ist die Frage, wie es nach der Krise, nach der Bedrohungslage oder nach der Zeitenwende eigentlich weitergehen soll: zurück zur administrativen Normallage oder vorwärtsgewandt mit einem Start in die „Neue Normalität“ oder aber mit einem resignierten Sich-Ergeben in die ohnehin nicht mehr zu kontrollierenden Zeitläufte?

Hier nun kommt das Konzept des *re-ordering* ins Spiel, das Ewald Frie und Boris Nieswand erstmalig in ihrem Beitrag mit dem Titel „Bedrohte Ordnungen als Thema der Kulturwissenschaften“[250] vorgestellt haben und das von Ewald Frie und Mischa Meier in der Einleitung zum Band „Bedroht sein. Gesellschaften unter Stress“ wieder aufgegriffen wurde und das sie uns in einem ersten Schritt wie folgt erläutern:

> „Hat die Bedrohungskommunikation erst einmal hegemonialen Charakter gewonnen, hat also die Diagnose einer vorliegenden Bedrohung weitgehende Akzeptanz gefunden, setzt ein hochdynamischer Prozess ein, den wir als *re-ordering* bezeichnen wollen. Dieser Terminus soll deutlich machen, dass das nun folgende Geschehen grundsätzlich offen ist: Die Rückkehr zur alten Ordnung stellt einen ebenso seltenen Ausnahmefall dar wie der völlige Zusammenbruch einer Ordnung; auch die Etablierung einer neuen Ordnung ist keineswegs zwingend. Vielmehr setzt nun ein komplexes Ausagieren ein, ermöglicht nicht zuletzt dadurch, dass Akteuren jene Ordnungen, die bis dahin implizit gelebt, gestaltet und durch den unbewussten Vollzug von Routinen stabilisiert wurden, plötzlich ansichtig werden, dass sie ihnen fragil erscheinen, aber auch beschreib-

248 Peter Graf Kielmannsegg, Nach der Katastrophe. Eine Geschichte des geteilten Deutschland, Berlin 2000.

249 SZ Nr. 235, S. 9.

250 12 Thesen zur Begründung eines Forschungsbereichs, in: Journal of Modern European History, 2017, S. 5–15.

> bar, bewertbar – und nicht zuletzt auch modellierbar. Einige Betroffene bemühen sich darum, möglichst rasch die ‚alte Ordnung' zu restituieren, wohingegen andere in der neuen Situation besondere Chancen sehen und den Veränderungsprozess zu beschleunigen, aktiv zu gestalten oder gar zu kontrollieren versuchen. Wiederum andere verfallen in Resignation und ziehen sich, soweit möglich, aus der Mitwirkung am *re-ordering* zurück."[251]

Besonders treffend erscheint uns, dass Frie und Nieswand hervorheben, dass re-ordering *Möglichkeitsräume* eröffnet, das Konzept also prinzipiell *zukunftsoffen* ist:

> „*Re-ordering* verweist also auf die an Selbstalarmierungen anschließende Dynamiken, durch die eine Ordnung gestaltet wird, die aus den Fugen zu geraten droht und damit thematisierbar und veränderbar scheint. Die Akteure innerhalb einer bedrohten Ordnung geraten unter Zeitdruck und es ist für sie unsicher, ob ihre Aktivitäten und Strategien sich als zielführend erweisen werden. Sowohl bezüglich der anvisierten Ziele als auch der nichtintendierten Konsequenzen eröffnen bedrohte Ordnungen *unsichere Möglichkeitsräume*, die von der Restauration der alten Ordnung über eine moderate Veränderung bis hin zum Zusammenbruch etablierter Ordnungsstrukturen und der Entstehung völlig neuer führen können. Je nach Positionierung der Akteure schweben die *unterschiedlichen Möglichkeitshorizonte* des Wandels, die sich in bedrohten Ordnungen eröffnen, als Utopien oder Dystopien verheißungsvoll oder unheilvoll über dem Geschehen."[252]

Zutreffend scheint uns auch die Beobachtung von Frie und Meier zu sein, dass Krisen und Bedrohungsszenarien nicht abrupt enden, sondern dazu neigen, sich *auszuschleichen*:

> „In den meisten Fällen führt dieses Wechselspiel [...] zu einer allmählichen Veränderung der Ordnung, bei der sich die Bedrohung im Sinne einer Selbstalarmierung aus der Ordnung heraus allmählich abschleift: Die Bedrohungskommunikation und mit ihr der Grad an Dramatisierung und emotionaler Aufladung nehmen allmählich ab, der (gefühlte und/oder tatsächliche) Zeitdruck lässt nach, so dass auch der Handlungs- und Entscheidungsdruck für die Akteure zurückgeht. Allmählich

251 Ewald Frie/Mischa Meier, Einleitung, in: Bedroht sein, Tübingen 2023, S. 3.
252 Fußnote 250, S. 8/9.

gewinnen sie wieder Vertrauen in alte, modifizierte oder neue Routinen und generieren neue Erwartungssicherheiten. Die meisten Bedrohten Ordnungen enden also nicht abrupt, sondern *schleichen sich aus*. Die Ausrufung eines Normalzustandes ist eher selten."[253]

IV. Ein versöhnlicher Ausblick: zum Phänomen der posttraumatischen Reifung

Wie der Leser vielleicht erinnern wird, hatte der Sozialforscher Klaus Hurrelmann Teilen der deutschen Gesellschaft als Folgeerscheinung der Corona-Krise eine „posttraumatische Belastungsstörung" attestiert. Deshalb war ich neugierig, was unter einer *„traumatischen Reifung"* zu verstehen ist, ein Begriff, auf den wir in dem schon zitierten Beitrag von Maike Schult mit dem Titel „Unkraut vergeht nicht"[254] gestoßen sind. Mit der Erläuterung des Konstrukts der posttraumatischen Reifung soll daher dieses Büchlein auch seinen Abschluss finden:

> „Es basiert auf der Beobachtung, dass manche Betroffene nach einer traumatischen Erfahrung von einer positiven Transformation berichten, subjektiv zu einer Umdeutung des Erlebten finden und von persönlichen Reifungsprozessen sprechen: Entwicklung einer neuen Selbst- und Weltsicht, Wissenszuwachs und (Lebens-) Weisheit, Vertiefung von Beziehungen und des Lebensgefühls überhaupt, oft auch in einem religiösen Sinne.
>
> Eine solche Widerstandskraft ist also offenbar erlebbar. Sie lässt sich erzählen und sogar ansatzweise diagnostizieren (etwa über das methodische Instrument von Selbstbeurteilungsfragebögen). Sie lässt sich aber weder fordern noch verallgemeinern. Ja, sie ist nicht einmal selbstverständlich, sondern »erwartungswidrig«[255]. Auch geht sie nicht automatisch mit seelischer Gesundheit einher, und nicht immer kann zwischen Konstruktion und Illusion gut unterschieden werden, wenn Betroffene die neuen Sinnzusammenhänge ihres Lebens *Danach* beschreiben. Dennoch: Es kann aus Schlechtem Gutes erwachsen, und es kann einen Lebenszugewinn geben trotz aller Abbrüche. Das prätraumatische Leben

253 Fußnote 251, S. 3/4.

254 Fußnote 246.

255 Insa Fooken, Resilienz und posttraumatische Reifung, in: Andreas Maercker (Hrsg.), Posttraumatische Belastungsstörungen, Berlin-Heidelberg 2013, S. 82.

aber stellt sich damit nicht wieder ein. Posttraumatische Reife ist keine Abwehrgröße im Sinne eines ‚Abpralls' und kein ‚Zurückspringen' in einen ‚Normalzustand'. Die Reifung bleibt an die Erfahrung der Krise gekoppelt und das Trauma mit Verlusten verbunden. Was immer nach einer Traumatisierung reifen, heilen und (zu)wachsen mag – die Narbe bleibt. Extreme Belastungen gehen an niemandem spurlos vorüber, auch nicht an fest verwurzelten, robusten oder sich humorvoll selbst relativierenden Menschen."[256]

256 A.a.O., S. 195/196.